Historia de México

Por la Superación del Ser Humano y sus Instituciones

Alfonso Miranda Márquez

HISTORIA DE MÉXICO

Conquista • Virreinato Independencia

PANORAMA EDITORIAL

HISTORIA DE MEXICO
Conquista/Virreinato/Independencia

Portada:
Ilustración: Jorge Peral

Ilustraciones:
José Narro

Primera edición: 2004
Cuarta reimpresión: 2010
© Panorama Editorial, S.A. de C.V.
Manuel Ma. Contreras 45-B
Col. San Rafael 06470 - México, D.F.

Tels.: 55-35-93-48 • 55-92-20-19
Fax: 55-35-92-02 • 55-35-12-17
e-mail: panorama@iserve.net.mx
http://www.panoramaed.com.mx

Printed in Mexico
Impreso en México por:
Impresiones Alfa
Lago Managua No. 50 Col. Torre Blanca
11280 - México, D.F., Mayo 2010
ISBN 968-38-1252-X

Índice

Introducción

Para comprender nuestro presente es fundamental acercarnos a nuestro pasado, y el México del siglo XXI no pude entenderse sin analizar uno de los periodos más interesantes para la formación de nuestra nacionalidad: el virreinato. Paradójicamente, hemos velado esta etapa y no nos hemos detenido en su esencia. El espíritu indígena y el ser español se fundieron para dar paso a nuestra forma de ser: parte prehispánica, parte europea, siempre novohispana.

Tal vez la causa por la que no hemos entendido la época virreinal es el conflicto que representa el proceso de conquista, pues frecuentemente, sólo nos quedamos con una terrible imagen violenta, aunque hay mucho más. Cuando analicemos correctamente este periodo, podremos conciliarnos con nuestra propia historia y liberarnos del pesado lastre de la incomprensión. El virreinato no se ciñe únicamente al momento de la conquista, nos brinda tres siglos de una maravillosa riqueza que se irradió a todas las actividades humanas heredadas por el México Independiente.

Si el nombre que asumió el territorio desde el siglo XVI hasta principios del XIX fue el de Nueva España, debemos referirnos en primer lugar a la llamada "Madre Patria". España es uno de los países más atractivos de Europa, pues conjuga tradiciones como la griega, la romana, la visigoda y, por supuesto, la musulmana que, combinadas, dan las características propias de su ser.

Los débiles reinos visigodos habitaban la Hispania cuando los moros la conquistaron, y las rencillas entre los diferentes reinos propiciaron que en el año 711 se iniciara el llamado "paseo de los musulmanes por la península". Así, Andalucía, Extremadura y la antigua ciudad romana de Toleum (Toledo) se rindieron a la fe del islam a través de pactos y entregas parciales o totales, debido a la falta de recursos para detenerla. Los musulmanes esperaban extender su poder hasta los reinos francos, pero fueron derrotados por Carlos Martel en la famosa batalla de Poitiers, sin embargo, mantuvieron un fuerte control en la península ibérica.

En un principio, la ocupación musulmana se mostró tolerante con los habitantes cristianos y judíos, pero poco a poco adquirió un mayor control. Se estableció un gobierno islámico, el califato, que tenía como capital a Córdoba y desde ahí se controlaba el sur de la península. Los habitantes del norte se aliaron y mantuvieron un frente común cristiano que tomó como héroe mítico a don Pelayo. A partir de la simbólica batalla de Covadonga, aproximadamente en 721, podemos hablar de un proceso de reconquista que finalizó varios siglos más tarde, durante el reinado de los Reyes Católicos.

La convivencia entre musulmanes y cristianos produjo una serie de afortunadas influencias donde la más beneficiada resultó Europa. Oriente aportó un práctico sistema de numeración, el álgebra, e importantes avances científicos, además de instrumentos musicales como la guitarra y las flautas, la bella literatura y técnicas artesanales. Sin duda, se enriqueció a la dieta occidental con múltiples especias y por supuesto se introdujo la siempre grata tradición de comer postres.

Aunque este intercambio cultural fue importantísimo para España y, por ende, para todo el occidente, no podía permitirse el control de una religión que no fuese la cristiana. De este modo, la bandera de la reconquista fue la cruz y tomó como principal estandarte al único apóstol que pisó tierras ibéricas: Santiago "mata moros" (mata infieles).

En el resquebrajamiento feudal español de los siglos XII y XIII influyó el contacto con Francia, quien para este tiempo marcaba la vanguardia europea. En todos los reinos europeos, los reyes cedieron tierras a los nobles, lo que propició la creación de una nueva capa social terrateniente. Hubo devastadoras epidemias que diezmaron a la población y esto, aunado a las sequías y plagas, provocó migraciones del campo a las ciudades. Así se reactivó la economía, a través del intercambio en ferias y por la presencia de los primeros banqueros; entonces, una nueva clase social surgió: la burguesía.

El clero también sufrió grandes cambios durante el siglo XIII, ya que se necesitaba un nivel espiritual distinto, pues hasta ese momento los monjes no tenían un trabajo apostólico en las ciudades; de hecho, se mantenían enclaustrados en sus monasterios, los cuales eran considerados como los únicos centros de educación, y más tarde evolucionaron como universidades. La primera para España fue la de Salamanca.

Surgió un nuevo grupo religioso que reformó radicalmente la concepción del cristianismo al impulsar el acercamiento a la comunidad. Hacían votos de obediencia, castidad y pobreza, por lo que posteriormente se les consideró como órdenes mendicantes que por seguir una regla, y se les llamó "clero regular". La primera orden en aparecer fue la franciscana, que optó por una vida en el convento mucho más cercana a la sociedad y además fue la primera en llegar al Nuevo Mundo.

Es importante mencionar que durante este tiempo se dieron las cruzadas, expediciones militares que, bajo la protección de la iglesia, estaban destinadas a recuperar los "santos lugares" (el lugar donde nació Jesús, el Santo Sepulcro, la casa de María, y otros sitios fundamentales en la tradición cristiana). Estos contactos entre oriente y occidente favorecieron nuevas rutas comerciales que frecuentemente olvidaban su objetivo inicial, al grado de que la cuarta cruzada nunca llegó.

La paulatina conformación de la unidad española fue producto de esfuerzos y conquistas que afianzaron el territorio por medio de la religión. Así, aparecieron nuevos reinos como León, Asturias, Navarra, Portugal, el condado de Cataluña y Aragón; la amurallada zona meridional de la península, que había permanecido como frontera entre el cristianismo y el islamismo, se convirtió en Castilla.

Los reinos del norte se fueron integrando y, poco a poco, quedaron dos grandes territorios que francamente no abrevaban una misma tradición; por un lado, Aragón y por el otro Castilla. La primera era la zona que mantenía el contacto con el Mediterráneo, donde se propiciaba un mayor comercio y, por ende, la influencia del resto de Europa era considerable. Esta modernidad contrastaba con la tradición medieval de Castilla, y con sus formas de gobierno y administración casi feudales. Lo significativo de los títulos nobiliarios, la importancia de las formas respetuosas de trato, la distinción entre clases sociales y un sistema rígido de servidumbre la mantuvieron anclada al pasado. Esta ambivalencia española fue la que gobernó al Nuevo Mundo durante un poco más de tres siglos.

Aragón, y Europa en general, fueron fuertemente afectados en 1453 con la toma turca de Constantinopla (capital del imperio romano de oriente y principal puerto mercante), ya que sus rutas comerciales se vieron bloqueadas, lo que ocasionó que el reino independiente de Portugal, por su situación geográfica (extremo oeste del continente, con vista al Atlántico) impulsara nuevas rutas de exploración bajo el mando de Enrique el Navegante quien, por su afición a los océanos, fundó una importante escuela de navegación.

El privilegiado entorno portugués se apoyó en archipiélagos como el de las Azores, Madeira y Cabo Verde que son, en conjunto, un importante puente con la costa africana. Lo anterior los llevó a conquistar el Cabo de Buena Esperanza, dato contundente para demostrar que África es un continente y no una isla como se pensaba. España por su parte, aprovechó las islas Canarias. Los nuevos territorios fueron considerados —tanto por españoles como por portugueses— como el premio por su lucha a favor de la cristiandad, aspecto que legitimó su presencia en las islas y más tarde en el mismo territorio americano.

A partir de 1492 se dio la conformación religiosa en España. El catolicismo se convirtió en la religión del estado, aunque las diferencias culturales continuaron y perduran, en mayor o menor medida, hasta nuestros días. Políticamente, también hubo una unificación con el matrimonio de Fernando de Aragón con Isabel de Castilla, hecho que algunos autores consideran como el surgimiento de los estados nacionales; sin embargo, las profundas diferencias entre ambos reinos ocasionaron que España tuviera un pie en la tradición y otro en la modernidad, ambivalencia que asumieron plenamente los territorios transcontinentales.

Durante el gobierno de Fernando e Isabel se dieron los cambios más radicales para España y para el resto de Europa; 1492 fue el año clave. La expulsión mora con la toma del último reducto islámico en Granada, inyectó nuevos bríos a la fe, por lo que en el mismo año se decidió correr también a los judíos. Y por si esto fuera poco, ante el impulso marítimo portugués y el incipiente pero remunerado comercio con esclavos africanos, se decidió apoyar a un joven que, pese a que la tradición lo acoge como genovés, su historia personal permanece obscura, pues muy pocos datos certeros tenemos de él.

Cristóbal Colón es la piedra angular que abre las fronteras europeas y pone en jaque la estabilidad. Ya no son tres continentes: Europa, Asia y África, los que formaban la trinidad; se incorporó un nuevo agente que costó muchos años e incluso siglos asumir: América.

El término, como lo ha indicado Edmundo O'Gorman, es peligroso. América indica plena occidentalidad, como si nada hubiese habido antes y, si lo hubo, sólo adquirió importancia al momento del contacto. Asimismo, la palabra "descubrimiento" es igualmente controvertida, y tal vez el mejor concepto que describa el suceso sea "encuentro de dos mundos": el viejo, Europa, y uno Nuevo que fue el regalo perfecto para unos reyes que por su ferviente devoción y por haber desterrado y atacado a todo el que no fuera cristiano por medio de la institución del Tribunal del Santo Oficio de la Inquisición, se ganaron el distinguido título de "reyes católicos". Lo anterior habla de la importancia de ambos personajes, quienes ostentaron igual jerarquía, pues la reina tuvo su reino y el rey también. Por ningún motivo puede nombrárseles rey o reina consorte, y esta correspondencia se plasmó en el tradicional refrán popular: "tanto monta, monta tanto, Isabel como Fernando".

Los cuatros viajes que Colón hizo al Nuevo Mundo, en realidad no situaron al territorio como algo "nuevo". En un principio se consideró la posibilidad de haber llegado a las islas asiáticas frente a China descritas por Marco Polo. Paulatinamente las diferencias americanas fueron más marcadas y, aunque el primer nombre que las designó Indias occidentales —el cual permaneció por largo tiempo— fue equívoco, trascendió a tal grado que hoy designamos como "indios" a los grupos que heredaron la tradición precolombina.

Entre 1492 y 1504 (periodo de los viajes de Colón) se conmocionó Europa, ya que todos querían tener noticias de las tierras exóticas. Se publicaron diversas cartas de exploración, de las que destacan las de los cuatro viajes que hizo Américo Vespucio, pues causaron tanto furor en Europa que se decidió llamar a la masa continental: América; aunque el término no se haya adoptado hasta el siglo XVIII, cuando comenzó a hablarse de "americanos".

Los tres primeros viajes de Cristóbal Colón fueron empresas económicas, políticas y científicas que se detuvieron prácticamente en las islas del Caribe. En ellas, la colonización requería necesariamente el éxito económico, tanto para los colonos, como para la Corona. Para ello se echó mano de la población nativa, y conforme iban creciendo las necesidades, la explotación indígena se incrementó al grado de exterminarla en menos de 50 años; por ello, hubo que repoblar las islas con esclavos africanos.

Durante este periodo, las disputas territoriales entre españoles y portugueses se intensificaron, por lo que el Papa Alejandro VI tuvo que intervenir, primero a través de las Bulas Alejandrinas y después con la firma de los Tratados de Tordesillas, donde se estableció la demarcación de una línea imaginaria de 370 leguas al oeste, a partir de la isla más occidental de Cabo Verde. Portugal adquirió el monopolio africano y el actual Brasil; por supuesto, España se quedó con el resto de América (prácticamente todo el continente) y las islas asiáticas (Filipinas).

El cuarto viaje de Colón llegó a Centroamérica, específicamente al Darién en la costa de Honduras, muy cerca de la frontera sur mesoamericana. Para este tiempo, prácticamente se había culminado la conquista insular y ya estaba en marcha la exploración de las costas continentales. Es interesante mencionar que en 1511 se hundió un barco, y varios sobrevivientes llegaron a las costas de Yucatán, donde todos fueron sacrificados por los pueblos mayas, a excepción de dos: Gonzalo Guerrero y Jerónimo de Aguilar (reli-

Con la expedición de Juan de Grijalva se inició una de las aventuras más grandes del hombre moderno.

gioso franciscano). Ambos permanecieron en las tierras mayas y aprendieron su lengua y costumbres. El caso más destacado es el de Guerrero, quien tras la aculturación luchó contra los mismos españoles.

También en 1511 tuvo lugar la conquista definitiva de Cuba a cargo de Diego Velázquez. Para 1547 las instituciones españolas de carácter económico, político, social y cultural habían sido trasladas al Nuevo Mundo. Las islas del Caribe fueron el ensayo que le brindó experiencia al español para controlar al continente. De esta manera, la Audiencia, la gubernatura, las alcaldías, las oficialías reales de hacienda, las empresas capitalistas, la encomienda, la esclavitud y por supuesto la Iglesia, echaron raíces en tierra fértil.

En 1517, Diego Velázquez envió hacia occidente a Francisco Hernández de Córdoba para conocer la extensión territorial que debían someter. Hernández aprovechó el río Champotón y recorrió la península de Yucatán, pero fue emboscado por los mayas. Un año más tarde, Velázquez decidió hacer otra expedición, encabezada por Juan de Grijalva, quien fue el primer español en llegar a Cozumel y penetrar hasta el río que lleva su nombre en el actual estado de Tabasco. Grijalva fue el primero en entrar plenamente al territorio e intercambiar cuentas y espejos por oro, lo cual fomentó el éxito económico. Éste era el principio de una gran aventura. El territorio que recorrían pertenecía a una zona mucho más grande que hoy denominamos Mesoamérica, área pancultural que poseía un interesantísimo abanico de cosmovisiones que para el momento del encuentro sufrían modificaciones internas considerables.

Mientras que Juan de Grijalva se enteraba de que existían otros señoríos, Motecuhzoma II (Moctezuma) fue informado de la llegada de los peculiares foráneos. El *tlatoani* (líder que tenía poderes tanto militares como sacerdotales) vinculó, en un principio, la posibilidad de que los españoles fueran descendientes del dios Quetzalcóatl quien, según dictaba el mito, regresaría para reclamar su trono y resarcir su poder, no sin antes humillar y desterrar al usurpador. El pueblo mexica, profundamente religioso, no descartó el peligro. Es necesario aclarar que esta idea sólo funcionó en un principio, cuando sólamente se logró explicar como seres ultraterrenos a los extraños intrusos, de tan distinto comportamiento. No obstante, al momento de ver que su proceder era igual al de cualquier hombre, que comían, dormían y demás, descartaron esta idea y los trataron con sumo respeto, pero como seres humanos.

El imperio azteca que para el Periodo Posclásico controlaba prácticamente toda el área mesoamericana, se había ganado el desprecio y el rencor de sus súbditos debido a los altos impuestos que cobraba. A cambio de éstos, ofrecía a los pueblos sometidos paz y protección en caso de guerras.

Juan de Grijalva continuó la expedición hasta el río Pánuco, donde se percató de las inmensas dimensiones territoriales y decidió regresar a Cuba. Al reportar lo encontrado a Velázquez, éste decidió organizar un tercer viaje para 1519. El rumbo de esta expedición cambió profundamente al territorio mesoamericano y su destino, marcado por los más funestos presagios y agüeros. Evidenció que Huitzilopochtli no podía luchar contra la fuerza del acero y la dominación de la cruz. Un nuevo escenario y una nueva realidad estaban por construirse en un nuevo mundo.

1

EL SIGLO DE LA CONFORMACIÓN

La conquista de la espada

El siglo XVI fue una época de reconocimiento entre dos culturas disímbolas que se enfrentaron bruscamente en un proceso que se ha estudiado bajo diversos enfoques. Mientras los llamados "hispanistas" exaltan el hecho porque consideran que a partir de ese momento la modernidad y la cultura fueron importadas a América; para los "indigenistas" representa el cruel colapso de una larga tradición, y se han empeñado en rescatar los ultrajados remanentes del pasado.

Las dos tendencias son exageradas y fallan al analizar objetivamente ambas realidades. La cultura occidental llegó a un territorio pluricultural y se mezcló, influyó y convivió para crear un ente distinto, nunca puramente indígena, pero tampoco únicamente español. Si bien no podemos minimizar las pérdidas, tampoco podemos quedarnos solamente con los muertos.

Por otro lado, no se ha comprendido la figura de Hernán Cortés quien, lejos de ser un asesino despiadado, es el prototipo del arriesgado aventurero que se lanza a lo desconocido y lucha fervientemente como fiel caballero medieval: por su Dios, por su rey y por su dama.

En 1519 el gobernador de Cuba, Diego Velázquez, organizó una expedición que, a diferencia de las anteriores, tenía como propósito recorrer las tierras descritas por Grijalva e ir más allá de donde cualquier europeo hubiese ido antes. Velázquez había nombrado a su secretario, el mismo Hernán Cortés, como líder; sin embargo, enemigos de éste intrigaron en su contra y poco antes de la salida propuesta, el gobernador cambió de idea. Al enterase, Cortés se insubordino y levó anclas en secreto: once embarcaciones y aproximadamente 700 hombres iniciaron la exploración.

Hernán Cortés.

Primero llegaron a la península de Yucatán y fue ahí donde por primera vez el mundo indígena identificó a Hernán Cortés con Quetzalcóatl. El dios había prometido regresar en el año 1-Caña que, de acuerdo con el calendario indígena, correspondía precisamente a 1519. Además, los españoles trajeron al continente seres jamás imaginados, mitad hombre mitad venado, que se desmontaban y eran humano y bestia por separado. Tenían lanzas que arrojaban fuego y mataban a distancia, cuchillos más filosos que la obsidiana, que de un golpe certero decapitaban, y corazas que deslumbraban e impedían que se les viera el cuerpo. Así, las descripciones de jinetes, caballos, arcabuces, espadas y armaduras impresionaron a una realidad ajena, que tenía su propio devenir. No podemos juzgar a las culturas indígenas a partir de los paradigmas occidentales, ninguna era mejor a la otra; eran diferentes.

El cacique de Centla regaló a Cortés una indígena llamada *Malitzin* (Malinche) y, si Jerónimo de Aguilar había servido de intérprete entre los españoles y los mayas, ella se convirtió en el enlace de comunicación entre los españoles y los grupos nahuas. Es interesante señalar que por lo menos los gobernantes y sacerdotes

El emperador Carlos V poseyó uno de los más grandes imperios de todos los tiempos.

de los pueblos que habían sido conquistados por el imperio azteca, conocían el náhuatl, además del idioma local, y con su ayuda se pudieron entablar alianzas, pactos y rendiciones.

Muy pronto las huestes de Cortés tuvieron diferencias de opinión y surgieron dos grupos. Por un lado estaban los que deseaban continuar al lado de Hernán Cortés y pretendían fundar una ciudad en *Chalchicueteyehcan*, quizá por la combinación de aventura y codicia. Por el otro, estaban los fieles seguidores de Velázquez que deseaban terminar la expedición para volver a Cuba. Ante esto, Cortés ideó la forma de mantenerse al mando, por supuesto sin alterar el marco legal, y a los 34 años de edad, el 22 de abril de 1519 (Viernes Santo) fundó la primera ciudad con tradición occidental en tierra firme, a la que llamó la Villa Rica de la Veracruz, como ejemplo de que la religión verdadera mostraba legítimamente su riqueza.

Allí se nombró un ayuntamiento a la usanza tradicional; es decir, se creó una autoridad local bajo el cobijo de las leyes y costumbres españolas, ante las cuales Hernán Cortés renunció a los cargos que el gobernador de Cuba le había conferido. El cuerpo municipal ofreció a Cortés un nuevo puesto: capitán general del ejército. Escribió su primera carta de relación al rey de España (perdida desde el siglo XVI) y para evitar posibles traiciones, decidió hundir los barcos.

Mientras tanto, en España había graves problemas de soberanía entre los reinos. El rey Fernando quedó viudo en 1504 y los castellanos le dieron la espalda, pues sólo aceptaban como regenta a la hija de Isabel quien, aunque no hay testimonios claros de que sufriera trastornos mentales, pasó a la historia como Juana "la Loca". Fue la esposa de Felipe llamado "el Hermoso", archiduque de Austria, y de ellos nació el príncipe Carlos, quien se educó en Flandes.

A la muerte del rey Fernando ocupó el trono, por breve tiempo, el cardenal Francisco Jiménez de Cisneros, reformador de la orden franciscana en España. Finalmente, el nieto de los Reyes Católicos logró gobernar conjuntamente los reinos de Aragón y Castilla. Se convirtió entonces en Carlos I, descendiente de la dinastía de los Austrias o Habsburgos que gobernaron España por casi dos siglos. En 1519 murió su abuelo paterno, Maximiliano, quien fuera emperador del Sacro Imperio Romano Germánico. El joven heredó la corona imperial alemana y se le reconoció como Carlos V de Alemania y I de España (generalmente se alude a él simplemente como Carlos V).

De los Reyes Católicos, Carlos recibió una España en proceso de unificación política, además de Cerdeña, Sicilia, Nápoles, las islas Canarias y el mundo americano en franca expansión. Por lo que se consideró que en su reino jamás se ocultaba el sol.

Carlos V fue el destinatario de las famosas *Cartas de Relación* de Hernán Cortés, importante fuente para rehacer las múltiples tácticas militares y la cosmología de los españoles. Si bien la Villa Rica de la Veracruz cambió de asentamiento en varias ocasiones, proporcionó una base relativamente segura desde donde los colonos se desplazaban para recorrer la región.

Cortés comprendió muy pronto la situación de descontento de los pueblos sometidos y la tensión del propio imperio azteca; se dio cuenta de que cada señorío veía en el ejército español un aliado que le ayudaría a liberarse. Entonces, una de las medidas que empleó para ganar la confianza de los indios, fue mandar aprehender a los recaudadores tributarios mexicas de cada una de las poblaciones, con el fin de quedar como héroe; sin embargo, más tarde los soltaba en secreto para pasar ante ellos como su libertador.

Tras fundar San Juan de Ulúa, Cortés decidió partir de Cempoala con rumbo a la ciudad de México-Tenochtitlan, camino que tardó, entre exploraciones, luchas y alianzas, 84 días. Durante el tránsito, varios grupos acudieron a Cortés para solicitarle ayuda. Uno de ellos fue mandado por Ixtlixóchitl, quien pretendía el gobierno de Tetzcoco, pues otro noble con menor jerarquía había sido colocado por los mexicas.

Aunque no hay una cifra exacta del número de las huestes de Cortés, que apenas sumarían unos centenares, sabemos que la base del ejército fue precisamente de indígenas de los pueblos inconformes. A paso firme y constante, los españoles se granjearon la confianza de Jalapa, Xico, Teziutlán y Tlatlauquipec. Varias veces se enfrentaron, hasta repelerlas, con las tropas de Xicoténcatl, guerrero del señorío de Tlaxcala, lo que ocasionó una de las más importantes alianzas de los españoles, ya que los tlaxcaltecas les permitieron asentarse en Tiztlan, donde afianzaron su poder en contra de los mexicas.

A pesar de que tradicionalmente la historia ha tomado a los tlaxcaltecas como traidores, es importante mencionar que no fueron los únicos aliados de los españoles. La situación subordinada del área mesoamericana al imperio azteca provocó una serie de pactos con múltiples poblaciones, sin los cuales hubiese sido imposible que las tropas de Cortés avanzaran.

Uno de los más controvertidos episodios de la conquista se desarrolló en Cholula, donde los españoles por primera vez mostraron su capacidad militar. Aquel era uno de los más importantes centros ceremoniales del *Posclásico* mesoamericano y, con el pretexto de un posible ataque promovido por los mexicas, Cortés hizo una de las más brutales matanzas de la guerra. Cabe la posibilidad de que esta demostración de poder haya sido planeada, pues el terror que provocó ayudó a los españoles a proseguir su camino hacia Tenochtitlan.

La ruta de Cholula a la capital mexica pasa por los volcanes. El camino era peligroso, pero el ansia de llegar era mayor. Cortés no consideró rodear la zona y decidió atravesarla por el llamado "paso de Cortés". De ahí llegó a Amecameca y después a Iztapalapa; la meta estaba muy cerca.

Así como podemos inferir que el comandante español deseaba llegar a la capital imperial lo antes posible y a toda costa, también podemos imaginar un Motecuhzoma temeroso por tan extraños y arriesgados personajes. Mucho se ha escrito de la debilidad del tlatoani, pues desde las costas del Golfo había recibido a Cortés con las distinguidas insignias de Quetzalcóatl. Aunque seguramente los españoles no comprendieron lo importante del obsequio, es una evidencia la incertidumbre en que vivía el mundo indígena.

Entre Iztapalapa y Tenochtitlan, Hernán Cortés se entrevistó con enviados de Motecuhzoma, recibió nuevos regalos y fue testigo de una ceremonia donde al parecer se llevó a cabo un sacrificio humano, lo que aterró a los españoles. Para el mundo prehispánico, toda muerte en una ceremonia conllevaba una carga simbólica que el conquistador, al no compartir la misma cosmovisión, evidentemente no comprendió. Por ningún motivo, lo anterior debe considerarse como indicio de salvajismo pues, así como es fundamental comprender que todas las culturas antiguas conocieron y practicaron los sacrificios y autosacrificios, también cabe señalar que en Europa la inquisición mataba al infiel incapaz de ver la luz de Dios.

El ansiado encuentro entre Motecuhzoma y Cortés, se dio en Xóloc (actual calzada de San Antonio Abad) y marcó para Mesoamérica el enfrentamiento de dos realidades. Ambos líderes se entrevistaron y hubo una cierta actitud de acatamiento por parte del *tlatoani* hacia el español, que se refleja en una de sus cartas a Carlos V, donde Cortés pone en boca de Motecuhzoma las siguientes palabras: "bien podéis [...] mandar a vuestra voluntad, porque será obedecido y hecho". Si bien no sabemos si dijo esto, lo que es seguro es que el *tlatoani* dejó que los españoles entraran sin problemas hasta el corazón de la cultura mexica.

Las descripciones que Cortés hizo de la ciudad parecen sacadas de *Las mil y una noches*: "todo parece de plata [...] está fundada en una gran laguna salada [...] Es tan grande la ciudad como Sevilla y Córdoba [...] tiene una plaza tan grande como dos veces la ciudad de Salamanca [...] Hay muchas mezquitas o casas de sus ídolos de muy hermosos edificios, de maravillosa grandeza y altura".

Los españoles fueron alojados en el palacio de Axayácatl, donde se resguardaba el gran tesoro mexica. Es pertinente señalar que las riquezas para el mundo prehispánico no eran en oro o plata: si bien existían collares, brazaletes, anillos y pectorales elaborados con esos metales, los objetos más valiosos eran los de obsidiana, los de jade y los tocados de plumas de quetzal. Sin embargo, para los españoles ver aquella fortuna significó que había mucho más. Imaginaban minas repletas de oro y deseaban encontrar fortunas exorbitantes. La búsqueda incrementó su codicia.

La relación entre Cortés y Motecuhzoma se vio alterada cuando Cuauhpopoca, cacique de Nauhtla, atacó la Villa Rica de la Veracruz y mató a un soldado hispano. El español exigió de inmediato al *tlatoani* la pena de muerte para el guerrero y, aunque se le quemó públicamente, Hernán Cortés decidió apresar a Motecuhzoma, previniendo un posible ataque pues, en la ciudad, la ventaja sería para los indígenas.

Los corredores se encargaban de llevar noticias de un lado a otro, y fue esta especie de correo indígena lo que avisó a Cortés, a finales de abril de 1520, de una llegada inesperada a la Villa Rica de la Veracruz: un contingente enviado por Diego de Velázquez. Lo encabezaba Pánfilo de Narváez y tenía la orden de apresar a Hernán Cortés por el grave delito de traición, lo que ocasionó que el conquistador saliera de inmediato rumbo a Veracruz con buena parte de su ejército, y dejara las huestes restantes en la capital bajo el mando temporal del capitán Pedro de Alvarado.

Mientras Cortés derrotaba a Narváez, se desarrolló uno de los episodios más cruentos de la conquista. Como tradicionalmente se llevaba a cabo en el mes de mayo, las festividades de Tóxcatl revestían de flor y canto al templo dual más importante de Tenochtitlan. Dado que a los españoles se les consideraba invitados especiales, se les permitió subir al templo y presenciar, como los sacerdotes, tan significativa ceremonia en la que una dama virgen fue sacrificada. Con este pretexto, y motivado por la codicia, Pedro de Alvarado no aguardó el permiso de su comandante. Azotó los braceros, lo que desencadenó una batalla que la historia ha llamado "la matanza del Templo Mayor".

Los templos se tiñeron de sangre y se impregnaron de un olor extraño: temor y muerte confundidos en un presagio del colapso. Si bien a su regreso Cortés se encolerizó, no podía dar marcha atrás. Los mexicas enardecidos rodearon el palacio de Axayácatl, donde se encontraban los españoles, quienes obligaron a Motecuhzoma a salir a una terraza del palacio para apaciguar a su pueblo. Lo que pasó después permanece en el terreno de las especulaciones. Mientras que para unos el *tlatoani* fue muerto por la pedrada de algún indígena, para otros fue el mismo Cortés quien le dio muerte en un momento posterior.

Al anochecer, los españoles trataron de huir, no sin antes guardar la mayor cantidad de tesoros. Salieron del palacio, pero el ruido de los caballos y el movimiento general alertó a los mexicas,

Al tomar Tenochtitlan, los españoles y sus aliados tlaxcaltecas terminaron con el Imperio Mexica.

quienes reiniciaron la lucha. Los pesados trajes españoles, que guardaban las riquezas robadas, dificultaron la huida. Las bajas de ambos grupos fueron considerables y aunque los mexicas lograron expulsar a los enemigos, no los habían destruido. Los cronistas españoles nombraron a esta batalla "La Noche Triste".

Posteriormente, Cortés y el resto de sus hombres llegaron en su huída al Valle de Otumba, donde se enfrentaron a las huestes mexicas que los seguían con el propósito de acabar con ellos. En lo más duro de la batalla, un soldado español tomó el estandarte del jefe mexica a quien mató. Al ver esto, los mexicas se retiraron, y Cortés pudo seguir su marcha hacia Tlaxcala.

En ese lugar se organizó un ejército que preparó la conquista definitiva de la capital mexica. Poco a poco, los españoles, con ayuda de los tlaxcaltecas y de otros grupos indígenas, tomaron Acatzingo, Quechólac, Huaquechula, Tecamachalco, Tepeaca e Itzocan. Después, Xochimilco, Míxquic y Ayotzingo. En Tepeaca fundaron la ciudad de Segura de la Frontera, que sirvió de base militar. Cortés sabía que debía someter a México-Tenochtitlan tanto por agua como por tierra, e ideó la manera perfecta de atacar: construyó los famosos bergantines (especie de barcos rápidamente armables y desarmables, que podían navegar rápidamente).

A principios de 1521 se inició la avanzada definitiva y se fundó otro bastión español en Tetzcoco, reino que también se decidió a luchar en contra de los mexicas. La ciudad quedó sitiada y comenzó a resentir el aislamiento. Pese a que había alimentos almacenados, fueron escaseando: las zonas que abastecían a Tenochtitlan, como Xochimilco y Tenanitla (hoy San Ángel) estaban luchando del lado de los conquistadores; además, Cortés había mandado cortar el acueducto de Chapultepec, que suministraba agua limpia a la ciudad. Por otra parte, y para desgracia mexica, un soldado español enfermó de viruela y el virus no tardó en extenderse. Precisamente, el sucesor de Motecuhzoma, Cuitláhuac, murió a causa de esa enfermedad, y fue sucedido por Cuauhtémoc.

Los bergantines custodiaban las calzadas, y las canoas mexicas no resistían la fuerza de aquellos barcos. Los españoles cerraban las compuertas y en cuanto los indígenas trataban de iniciar la lucha por tierra, rápidamente las abrían e inundaban nuevamente las calzadas.

El sitio fue devastador. "Rojas están las aguas [...] y cuando las bebimos, fue como si bebiéramos agua de salitre" escribió un autor anónimo tlatelolca. Lo largo del sitio indica la fortaleza de uno de los imperios más grandes de la antigüedad. La toma total de la ciudad fue el 13 de agosto de 1521, día de San Hipólito. Cuauhtémoc fue apresado y torturado en espera de que confesara el sitio donde se encontraban aquellos tesoros que no existían.

Pensar que aquí acabó la tradición indígena es un error. No permanecieron intactas las formas, empero su esencia es parte de nuestra sangre. Si bien la conquista militar fue un éxito, no marcó la incorporación total de aquel mundo distinto. Se debía establecer primero un orden capaz de administrar las nuevas posesiones a través de la tradición hispana, adaptada a un nuevo ente que acababa de nacer.

Una Nueva España para el Mundo Nuevo

Ya ocupada la gran Tenochtitlan, los españoles se enfrentaron al reto mayor: organizar este territorio de inmensas dimensiones que habían sometido. Si bien Hernán Cortés fácilmente hubiera podido declarar la independencia de las zonas conquistadas y elevarse como su emperador, la fidelidad que mostró para con la corona es francamente sorprendente. Su espíritu aventurero lo llevó a explorar la región y, aunque jamás encontró una urbe tan rica y magnífica como la capital mexica, cedió con orgullo a España todas las tierras que pisó.

Las posesiones de ultramar rápidamente recibieron el nombre de Nueva España. Desde 1520, en la segunda Carta de Relación, Cortés escribió: "la similitud que toda esta tierra tiene [con] España, así en fertilidad como en grandeza la equiparan con ella. [...] Me pareció que el más conveniente nombre para dicha tierra era llamarse Nueva España del Mar Océano". La denominación conjuga el ideal de la época: crear una historia nueva. Representaba una segunda oportunidad para cambiar, ascender de posición social, enriquecerse y olvidar los errores del pasado, además de que permitía fundar un mundo nuevo que siguiera los más puros preceptos cristianos.

El gobierno quedó en manos de los propios conquistadores. Cortés decidió fundar un ayuntamiento que tuvo como sede prístina a Coyoacan (centro indígena al sur de Tenochtitlan). Sin embargo, la conquista tenía que ser refrendada, y más adelante se trasladó a la que fuera la capital del imperio azteca, que poco a poco se modificó, y se fundó la Ciudad de México. Las piedras que habían sido utilizadas para la construcción de templos y palacios prehispánicos, ahora se desmantelaban para edificar una nueva realidad.

Para 1524, el pleito entre Cortés y Velázquez no había sido olvidado. Carlos V le ordenó al primero que le pagara al gobernador de Cuba los costos de las embarcaciones robadas y quedó resuelto que la jurisdicción de Nueva España sería únicamente de Cortés. Los amigos del conquistador, que lo habían apoyado en el problema con Velázquez, se vieron mayormente beneficiados con la repartición de bienes. Los nombró alcaldes tenientes de gobernador, que se encargaban de mantener la paz, y oficiales reales de los pueblos sometidos (administradores que vigilaban los intereses de España como factores, veedores, tesoreros y contadores). Esto, evidentemente, ocasionó disgustos entre las huestes y, una vez más se ahondaron las diferencias entre los grupos de poder que apoyaban a Cortés y los que estaban contra él.

En 1524, Cortés organizó la vida *novohispana* a través de las Ordenanzas del buen gobierno, que regulaban entre otras cosas las relaciones entre los indios y los españoles. Además, legisló una nueva manera de administrar las tierras conquistadas a través del sistema de encomienda.

Ésta era una recompensa que se entregó a los conquistadores. Consistía en tierras en préstamo, con derecho a gozar del usufructo y del trabajo indígena, siempre y cuando se pagara el tributo correspondiente a España. Se debía cumplir con la condición de defenderlas de posibles ocupaciones, por lo que el encomendero tenía la obligación de conservar sus armas. También debía vivir en ellas por lo menos ocho años, combatir la idolatría y no exigir tri-

El encomendero controlaba, a menudo con muchos abusos, el trabajo de los indígenas en las tierras que tenía asignadas.

butos en oro a los indios ni sacarlos de sus comunidades por un periodo mayor a 20 días. No implicaba ningún tipo de propiedad ni jurisdicción política sobre las comunidades de naturales.

La encomienda propició la formación de una estructura feudal donde los antiguos soldados se convirtieron en señores terratenientes. Es por ello que la corona española impuso una serie de limitaciones a estos repartos y mantuvo para sí el poder jurisdiccional. Los indígenas fueron considerados como vasallos del rey, por lo que se mantuvo y defendió el sistema de propiedad comunal de los pueblos y la nobleza indígena.

Tras la caída de Tenochtitlan, los españoles comenzaron a recorrer las tierras que nadie se había atrevido a reclamar. La ruta México-Veracruz les sirvió de eje para ir al norte o al sur. Los protagonistas de estas conquistas posteriores fueron miembros del ejército español. No todas las campañas fueron bélicas; de hecho, hubo muchas rendiciones sin conatos de violencia.

Podemos dividir los viajes de reconocimiento y ocupación del siglo XVI en tres momentos. En la primera fase (1521-1524), Cristóbal de Olid llegó a la capital purépecha de Tzintzuntzan. Pedro de Alvarado subordinó tanto el cacicazgo de Mextitlán como los señoríos mixtecos-zapotecos, y penetró en la zona maya. Del occidente se ocupó Francisco Cortés, quien llegó al actual Colima.

Durante la segunda etapa (1525-década de los 40), Hernán Cortés confirmó su papel de conquistador, pues hizo un viaje hacia el sureste (1524-1526) que llegó hasta las Hibueras (actual Honduras). Durante esta expedición Cortés ordenó ahorcar al último *tlatoani* mexica: Cuauhtemoc, a quien llevaba cautivo. A pesar de los desastrosos resultados de esta expedición, decidió iniciar una nueva aventura, ahora hacia el norte: llegó hasta Baja California y de ahí el nombre del mar de Cortés. Diego de Mazariegos continuó la conquista de Chiapas iniciada por Luis Marín y, para 1529, Nuño de Guzmán llegó a Nueva Galicia (Jalisco), mientras que la familia Montejo, tras una largo proceso (1528-1545), logró asentarse en Yucatán.

En la tercera etapa de conquistas (1550-1600), los españoles incursionaron en la frontera norte mesoamericana. Así, Francisco de Ibarra llegó a Zacatecas, Ginés Vázquez de Mercado recorrió el Valle de Guadiana (Durango), y Vázquez de Coronado incursionó en Nuevo México.

A partir de la segunda mitad del siglo XVI, profundas transformaciones afectaron a Nueva España. En 1541, la rebelión de muchos grupos del norte, tradicionalmente llamados en conjunto "chichimecas", azotó a Nueva Galicia y mostró la dificultad de someter a esos grupos fronterizos al orden español. Tiempo después, se encontraron ricos filones de plata en Zacatecas, lo que desató el arribo masivo de mineros, colonos, mercaderes y esclavos. El continuo tránsito de caminos se vio afectado por asedios indígenas. Entre 1550 y 1600, la Gran Chichimeca, zona que se extendía al norte de los ríos Lerma y Santiago, se convirtió en tierra de guerra.

Ante tal situación, las autoridades tomaron tres medidas. La primera fue promover nuevas expediciones a territorios norteños, por lo cual se fundaron ciudades como Monterrey (1596) y Santa Fe de Nuevo México (1610). En segundo lugar se crearon una serie de fuertes o presidios y villas defensivas, que se encargaban de

La "guerra chichimeca" dificultó el proceso de colonización de la zona norte y occidente del virreinato.

proteger a las caravanas a lo largo de la ruta de la plata. Así nacieron Celaya, León y San Miguel el Grande y, más adelante, Aguascalientes y Saltillo. La tercera acción fue intensificar un orden militar fronterizo que, si bien en un principio estuvo a cargo de los encomenderos, pronto se organizaron contingentes de soldados pagados por la Corona y dirigidos por guerreros que se distinguieron durante la conquista. Cabe mencionar que los costos sociales fueron tremendos, y los indígenas capturados recibían un penoso trato de esclavos en las minas.

Las conquistas y ocupaciones no acabaron ahí. Durante los siglos XVII y XVIII hubo continuas sublevaciones y viajes de exploración, pues el territorio era inmenso. Por otra parte, el número de españoles era relativamente pequeño comparado con el de los indígenas, quienes además contaban con la ventaja del conocimiento del terreno.

Casi todas las empresas conquistadoras fueron subvencionadas por particulares; la corona no se arriesgaba y sólo exigía una quinta parte de lo encontrado. El reparto de las ganancias era proporcional al monto de la inversión hecha por cada socio y como ningún soldado recibía un salario, se le recompensaba de alguna manera por sus servicios, independientemente de que hubieran aportado o no recursos económicos. Además, cualquier nuevo intento de exploración debía ser autorizado por la Corona y quien estuviera fuera del marco legal corría el riesgo de ser acusado de traición.

Dos tipos de valores económicos fueron objeto de repartimiento entre los conquistadores: los bienes muebles y los inmuebles. Los primeros son la llamada riqueza móvil (botín de conquista —piedras o metales preciosos—). Los beneficiarios fueron, en primer lugar el rey, a quien se le daba la mencionada quinta parte de lo encontrado (impuesto del Quinto Real), y después los conquistadores e inversionistas que habían financiado la expedición, pero la repartición de estos bienes resultaba complicada, pues todos querían poseer la mayor parte. Cabe mencionar que los indígenas chichimecas que habían luchado en contra de la ocupación española fueron considerados propiedad de los conquistadores. Era el castigo que recibían por querer defender a toda costa su tierra y su cosmología.

El reparto y el agotamiento de la riqueza móvil liquidaban la asociación mercantil que había dado lugar a la empresa de conquista; sin embargo, para España éste era sólo el primer paso, pues la distribución de la riqueza garantizaba que los españoles se quedaran en el Nuevo Mundo, ocuparan las tierras conquistadas, las explotaran y los beneficios continuaran.

Los bienes inmuebles eran las tierras fértiles, las minas y el tributo indiano, y la repartición de esta riqueza inmóvil o estable se hizo en función de los servicios que se hubieran prestado al rey. Los conquistadores presionaban a Cortés para que la riqueza estable fuera repartida, pues pretendían beneficiarse principalmente con los tributos de los indígenas y, de este modo, asegurar una destacada posición económica, política y social.

A pesar de que las cédulas reales de la Coruña, promulgadas en 1520 por Carlos V, declaraban que los indios debían considerarse como hombres libres y prohibían la encomienda, Hernán Cortés decidió llevar a cabo el repartimiento y alegó que era la única vía para apaciguar a los propios españoles. De hecho, es interesante ver cómo uno de los soldados del ejército de Cortés, Bernal Díaz del Castillo, le escribió al rey de España con la única finalidad de mostrar otra perspectiva de la conquista. El título de su obra es muy sugerente: *Historia verdadera de la conquista de la Nueva España.* Bernal Díaz es el representante de aquellos soldados que, habiendo luchado en la guerra de conquista, no recibieron la gloria, la fama y la riqueza que sentían merecer.

Los repartos del conquistador se vieron como desacato al rey. De hecho, hacia 1523, después de haber analizado el caso, en la Junta de Valladolid se ratificó la prohibición a la encomienda, pues se había practicado en las Antillas y había quedado desprestigiada ante la masacre de aquellos indígenas. Sin embargo, la fuerza de los conquistadores no podía pararse, lo que provocó que para 1525 la corona terminara por aprobar la encomienda.

Los tributos debían ser fijados por los alcaldes mayores (funcionarios del rey), quienes básicamente adaptaron el sistema prehispánico. Cortés mandó elaborar una *Matrícula de Tributos*, a través de la cual el español conoció los pueblos que contribuían al imperio azteca y qué pagaban con exactitud. Prácticamente, el indígena que pagaba impuestos no sintió el cambio de régimen, pues las sangrías siguieron siendo significativas. Una de las encomiendas de mayor tamaño fue la de Xochimilco, que tenía 180 mil tributarios, aunque en teoría el máximo permitido era de tres mil.

La encomienda fue un medio eficaz para dar el siguiente paso: la colonización. Poco a poco, el gobierno individualista y anárquico de los conquistadores se convirtió en un régimen institucional bajo el control de la Corona. El continuo crecimiento territorial, la riqueza de los recursos naturales y el fuerte trabajo indígena, aunados a la importación de técnicas europeas, hicieron rentable esta ambiciosa empresa para España.

Durante el reinado de Carlos V, las posesiones españolas de ultramar crecieron de modo exorbitante. La ocupación de los vastos territorios de América del Sur incluyó Venezuela, Nueva Granada (Colombia), Quito (Ecuador), Perú (Perú y Bolivia), Chile y el Río de la Plata (Argentina). Aunque las colonias asiáticas no se fundaron bajo su reinado, viajes de exploración como el de Fernando de Magallanes (1519-1522) ayudaron para dicha colonización.

Durante más de tres décadas, Carlos V gobernó el más grande imperio de la época, y seguramente ni él mismo comprendió su magnificencia. Sostuvo varias guerras contra Francia y contra los musulmanes que azotaban las fronteras de Austria y Hungría. España subvencionó muchas campañas, lo que no le resultó del todo ventajoso. En 1556, el imperio pasaba por una dura crisis, por lo que Carlos abdicó tanto a la Corona alemana como a la española. Cabe mencionar que previamente había cedido cinco ducados austriacos a su hermano Fernando, y entregado Nápoles y el ducado de Milán a su hijo Felipe. Así, el gran imperio quedó dividido entre Fernando de Habsburgo (emperador de Alemania) y Felipe II (quien ocupó el trono español).

Si Carlos V desatendió los reinos hispanos, Felipe II trató de incorporar a Nueva España al orden tradicional. Mientras que el primero permaneció poco tiempo en la península ibérica, su hijo logró radicar en Castilla, el reino que más había resentido la ausencia del rey. Para 1580 gobernaba Aragón, Navarra, Portugal y Castilla (gracias a distintas alianzas matrimoniales).

Durante el reinado de Felipe, la expedición de Miguel López de Legaspi llegó a Filipinas (1565), y eso provocó que, por un tiempo, ninguna otra potencia europea navegara en el Pacífico. No obstante, hacia 1578, la piratería, promovida por la misma reina Isabel de Gran Bretaña, logró minar la riqueza de los barcos españoles.

Para detener el asedio de piratas y corsarios ingleses y holandeses se decidió organizar una poderosa flota capaz de detener a cualquier enemigo. De hecho, el nombre con el que se le conoció fue "Armada Invencible". Sin embargo, Inglaterra impulsó el fortalecimiento de su propia escuadra hasta convertirse en una importante potencia naval, y se enfrentó con la flota hispana ya diezmada por las tempestades y: en 1588 derrotó a la Invencible.

El gobierno de Felipe II logró afianzar el absolutismo en los reinos peninsulares y en los americanos; el poder monárquico se consolidó con base en un complejo aparato burocrático, dependiente estrictamente de la corona. Resulta paradójico que éste sea también el periodo que marca el inicio del derrumbe hegemónico español.

Uno de los primeros ejemplos que hizo patente la riqueza virreinal americana fue, sin lugar a dudas, la Basílica de San Pedro, en Roma. Tan significativo recinto es muestra fiel de que el oro y la plata de las minas americanas, descubiertas en la segunda mitad del siglo XVI, tanto en Nueva España como en Perú, sirvieron para engrandecer a las coronas europeas y para venerar al Dios que había permitido extender el cristianismo a niveles tan asombrosos.

Hacia finales del siglo XVI entraba a España un promedio de cinco millones de pesos en plata de la mejor calidad. El incremento del volumen de los metales preciosos conllevó un aumento en la demanda de bienes del mercado nacional, lo que provocó una alza considerable en los precios. Esta inflación permitió el enriquecimiento de los comerciantes, pues multiplicó sus ganancias en contraste con la miseria de los grupos de más bajos ingresos.

La industria manufacturera española también se vio severamente afectada. Al elevarse los costos de las materias primas y de la mano de obra, se encarecieron tanto los productos, que resultaba más barato importar mercancías de Flandes o de la misma Francia que obtenerlas en los talleres españoles. El absolutismo implicó, además, la formación de un amplísimo y complejo aparato burocrático —secretarios, consejeros, escribanos, relatores, alcaldes y alguaciles, entre otros—, a través del cual la corona ejercía su poder.

Esta política económica y la preocupación por el enriquecimiento inmediato, originaron que la Corona española viera de modo negativo que el poder en el Nuevo Mundo estuviera en manos de los conquistadores. Asimismo, éstos se dividían cada vez más y crecía el grupo que mantenía una postura en contra de Cortés, sobre todo cuando el conquistador decidió emprender la larga y fallida expedición a las Hibueras. A la ausencia de Cortés se depositó el poder en los oficiales reales, pues el conquistador había pensado que así conservaría sus privilegios y los de su grupo. Sin embargo, la elección no fue la más afortunada y pronto hubo graves rencillas: se otorgaron y quitaron arbitrariamente encomiendas, y se cometieron incontables abusos de autoridad.

Como la expedición duró tanto tiempo, muchos pensaron que todos sus miembros habían muerto, por lo que comenzaron a repartir las riquezas del mismo Cortés. Si bien las bajas de las huestes fueron considerables y las noticias de los desmanes de la ciudad llegaron a oídos del conquistador, éste decidió continuar la empresa y recorrer la zona. En mayo de 1526, la expedición que trajo más pérdidas que ganancias terminó; sin embargo, Nueva España había cambiado de rumbo y otro era su destino.

El inconsistente gobierno novohispano provocó que la Corona decidiera tomar fuertes medidas. La primera fue enviar a un funcionario real con amplios poderes que pudiera destituir a Hernán Cortés y someterlo a un juicio de residencia (acto donde se hace un balance de lo ocurrido durante el gobierno de un funcionario). A pesar de que el oficial murió antes de tocar tierras novohispanas, el conquistador no se salvó de perder su poder. En 1527, el rey acordó crear una audiencia con facultades de gobierno, como la que existía en Santo Domingo desde 1511. Nuño de Guzmán la presidió y sus obligaciones fueron hacer valer los intereses de la monarquía y mermar la autoridad de los conquistadores. Para evitar partidismos, se decidió elegir oidores bajo un complicado sistema burocrático, y aunque se habían elegido cuatro, dos murieron antes de llegar.

La audiencia no funcionó como se esperaba, ya que pronto comenzaron a tener acciones despóticas en contra de Hernán Cortés y su grupo. El juicio de residencia, que había quedado pendiente, comenzó. Fueron tantos los cargos imputados, que se permitió al conquistador trasladarse a España para su defensa. Estuvo dos años en la península y no se le pudo comprobar ningún cargo, por lo que regresó a Nueva España. Empero, el escenario se había modificado radicalmente y Cortés jamás pudo recuperar la posición perdida.

En este regreso se le confirió el cargo de capitán general (no de gobernador), se le permitió seguir con sus exploraciones y se le dio el título de marqués del Valle de la Antequera (Oaxaca). La encomienda que recibió fue inmensa, pues abarcaba desde Coyoacan, pasando por Cuanahuac (Cuernavaca) hasta la actual ciudad de Oaxaca. Cortés contó con 23 mil indios tributarios.

Ante el fallido intento de la primera audiencia, se decidió integrar una segunda, que estuvo lista para 1528; aunque su presidente, el primer virrey de Nueva España, no llegó hasta 1535. Etimológicamente, virrey significa "en lugar del rey", quien vela los intereses del soberano y tiene plenas funciones legislativas en el territorio conferido. El primer virreinato de América fue el de Nueva España y su primer gobernante fue Antonio de Mendoza, quien era miembro de la alta nobleza castellana y caballero de la orden de Santiago; había sido embajador de España en Hungría y, lo más importante, era un hombre de confianza del rey. Su nombramiento fue firmado por Carlos V en abril de 1535, unos meses antes de que se embarcara hacia sus nuevas tierras.

Durante los primeros años del gobierno de Mendoza no se tomaron acciones radicales para reducir el poder de los encomenderos. La política inicial de conciliación promulgó en 1536 una ley

Antonio de Mendoza, primer virrey de la Nueva España, cuyo periodo inició en 1535 y terminó en 1550.

que permitía a las viudas e hijos de aquellos conquistadores conservar las encomiendas "en depósito" en caso de fallecimiento del titular. Pero a partir de 1542, Mendoza expidió las *Leyes nuevas de las Indias para el buen tratamiento y conservación de los indios,* lo que propinó un fuerte golpe a la encomienda. Las leyes estaban orientadas a proteger al indio, por lo que se ordenó tasar los tributos de modo que los indígenas pagaran una cantidad menor, incluso, a la que tributaron durante el pasado prehispánico. Con lo anterior se buscaba evitar que la burocracia cayera en los mismos excesos que los conquistadores; además, se prohibió a los funcionarios públicos poseer encomiendas.

Hacia finales del siglo XVI, la encomienda decayó en buena parte del territorio novohispano, ante la intromisión de un nuevo agente: el salario. Dos formas de relación laboral aparecieron. La primera fue el repartimiento (*cuatéquitl*), donde cada comunidad indígena debía mandar semanalmente una cuadrilla de peones (cuatro por ciento de los hombres) para las labores de minas o para las construcciones públicas. Una vez cumplidos los trabajos, los indios recibían un pago. En realidad, el repartimiento era un trabajo

Una de las múltiples acciones que llevó a cabo el virrey Mendoza, fue establecer la primera imprenta del Nuevo Mundo en 1538.

forzoso asalariado y frecuentemente mucho mayor a la remuneración recibida.

La segunda forma de relación laboral fue la del trabajo libre asalariado. Aunque durante el siglo XVI no se desarrolló tan ampliamente, prevaleció en las minas. Para el indígena, este tipo de trabajo implicaba su separación de la comunidad de origen y, por ende, el distanciamiento de su tradición cultural.

En un principio, la Corona también trató de separar a los indígenas de los españoles a través de dos comunidades aisladas: la República de Indios y la de Españoles. La finalidad era que el español no reprodujese los vicios sociales del Viejo Continente entre los nativos americanos, además de mantener un control más exclusivo sobre ellos y los funcionarios. Sin embargo, tan tajante separación no pudo ser llevada a la práctica.

Las funciones que tenía el virrey se relacionaban con prácticamente todos los aspectos de la administración virreinal. Eran gobernadores y capitanes generales, superintendentes de la real hacienda, vicepatronos de iglesia y presidentes de la audiencia. Todos los virreyes tuvieron el mando del ejército, a excepción de Antonio de Mendoza (pues Cortés aún vivía). Del mismo modo, las audiencias de México, Santo Domingo y las que se crearon después, como las de Guatemala, Guadalajara y Manila, estuvieron vigiladas por el virrey.

La Audiencia de México fue la máxima instancia judicial de Nueva España y el cuerpo asesor del virrey en asuntos administrativos y militares. Estaba conformada por un presidente, ocho oidores, cuatro alcaldes del crimen, dos fiscales, un alguacil mayor, un teniente de gran canciller, un escribano de cámara y varios relatores. En cuanto a la administración de justicia, había una distinción entre los asuntos civiles y los penales. Estos últimos eran llevados ante la Real Sala del Crimen, a la que sólo asistían el virrey y los cuatro alcaldes, en una reunión llamada de Real Acuerdo.

Desde el principio de la aventura virreinal, en España se había creado el Consejo de Indias, institución con funciones administrativas, legislativas y de justicia, entre otras. Se emitían cédulas que, sin involucrarse en la realidad virreinal, alteraban el orden y pre-

Luis de Velasco (padre), segundo virrey de la Nueva España —de 1550 a 1564—, impulsó la explotación de las minas de plata.

tendían implantar medidas tan poco viables, que frecuentemente al pie se escribía la famosa cita: *"Obedézcase pero no se cumpla"*.

No obstante, la Corona no dejó en total libertad al virrey. De hecho, sólo el primer gobierno duró 15 años, todos los posteriores fueron considerablemente más cortos. Además, el virrey se sometía a los ya citados juicios de residencia y tenía visitas o inspecciones eventuales por jueces españoles especializados, los únicos que podían encargarse de este tipo de acciones legales. Con el fin de evitar el arraigo a la nueva tierra, se les prohibió emparentar con colonos y traer a su familia o sus bienes.

Durante el siglo XVI hubo ocho virreyes, entre los que destacan Luis de Velasco padre, el marqués de Falces, Gastón de Peralta, el arzobispo de México, Pedro Moya de Contreras y Luis de Velasco hijo, más tarde Marqués de Salinas, quien apaciguó la guerra chichimeca al pactar con los jefes tribales y crear sitios para aculturar a los indígenas.

Aquí no acaba este complicado siglo XVI. Si bien ya había instituciones que regulaban las relaciones entre la población, hacía falta otra conquista mucho más intensa y menos rápida que la militar, donde la espada era la fe y, en vez de muertos, habría cristianos.

La conquista de la cruz

La religión católica fue el estandarte español durante el largo proceso de unificación. El Papa Alejandro VI impuso a los Reyes Católicos la obligación de extender la fe cristiana como condición para permitirles el control del Nuevo Mundo. En 1501, a través del breve titulado *Exima devótionis*, el mismo pontífice cedió a los monarcas españoles los diezmos que recaudara la Iglesia en América, como especie de compensación económica.

Más adelante, el papado decidió otorgar a España el derecho de patronato sobre la Iglesia Indiana, mediante la bula *Universalis Ecclesia* de Julio II (1508). Así, la Corona española se convirtió en protectora de la institución de la fe en el territorio americano, lo que conllevó la concesión exclusiva de permisos para la edificación de templos y conventos y el derecho a presentar a la Santa Sede candidatos para proveer los cargos eclesiásticos, además de la capacidad de revisar las sentencias dictadas por los tribunales de la Iglesia y autorizar la vigencia de las disposiciones papales en los territorios dependientes de España. Todas estas obligaciones estaban relacionadas con el sostenimiento de aquella institución y el apoyo a la obra de evangelización.

Los franciscanos adoptaron la evangelización como propia. Esta orden, también llamada de los Hermanos Menores, nació en el norte de la actual Italia. Francisco de Asís inició su comunidad con un reducido número de burgueses y comerciantes que renunciaron, como él, a sus riquezas, para repartirlas entre los pobres. Además, gracias a su sencillez y a su lenguaje capaz de comunicar los ideales cristianos, se acercaron a la comunidad con éxito. En 1221 presentaron ante el Papa Inocencio III su regla de vida: obedecer al Papa y, por ende, a Dios, vivir en castidad y renunciar a los bienes materiales; pero no fue sino hasta 1223 cuando el Papa Honorio III la aprobó. A partir de ese momento, la expansión del

Luis de Velasco (hijo), fue dos veces virrey de la Nueva España, una del Perú, y presidente del Consejo de Indias; uno de sus mejores logros fue controlar la guerra chichimeca.

cristianismo adoptó matices más nobles y adquirió un número mayor de fieles.

Las expediciones militares frecuentemente eran acompañadas por uno o varios religiosos que por lo general desempeñaban el papel de capellanes de las huestes. La empresa de Hernán Cortés no fue la excepción: a ella se sumaron un clérigo llamado Juan Díaz y el mercedario fray Bartolomé de Olmedo. Al mismo tiempo que se realizó la conquista militar, se llevó a cabo la evangelización de los naturales lo cual, como indica el investigador Antonio Rubial García, representó un factor de consolidación fundamental para la conquista de todos los ámbitos geográficos.

La justificación de la conquista y sus muertes sólo se podía hacer por medio del establecimiento de un nuevo orden encabezado por el mismo Dios cristiano. A la manera de la reconquista española, el asentamiento en el Nuevo Mundo necesitaba al fraile tras el soldado. Así, en 1523 llegaron tres franciscanos de origen flamenco: fray Juan de Tecto, fray Juan de Haro y, por supuesto, fray Pedro de Gante. Si antes de este arribo los sacerdotes se habían limitado a la destrucción de templos y a la severa crítica de las mani-

Los franciscanos fueron los propulsores de la evangelización de los indígenas de la Nueva España.

festaciones religiosas indígenas, a partir de ese momento la evangelización tomó un nuevo giro. Se comenzó a buscar la comprensión de la cultura a la que se enfrentaron, para después poder transformarla.

Fray Pedro de Gante fue el primer europeo que se preocupó por enseñar a leer y escribir a los indígenas a la usanza occidental. Asimismo, aprendió la lengua náhuatl, en la que elaboró su *Doctrina cristiana*. Hacia 1524 pudo iniciarse un programa sistemático de evangelización, pues arribaron a Nueva España un grupo de 12 franciscanos, miembros de la provincia de San Gabriel de Extremadura y quienes, encabezados por fray Martín de Valencia, organizaron una forma muy interesante de evangelización.

Se obligó a los indígenas a dejar las laderas y a congregarse en los pueblos construidos en los valles, en torno a los conjuntos conventuales. Este complicado sistema se llamó "policía cristiana" e implicó el trazo de calles y plazas, la dotación de agua por medio de acueductos y cisternas, la adaptación de plantas (como trigo, manzano, caña de azúcar, ajo, cebolla, cítricos, etc.) y animales traídos del viejo continente (vacas, bueyes, burros, cabras, cerdos, ovejas y gallinas, entre otros), así como la conformación de instituciones comunales para crear una nueva organización económica, política y social.

Nuevos elementos tecnológicos fueron introducidos en el territorio: ruedas, arados y molinos transformaron la naciente vida novohispana. El hierro y la rueda se aplicaron al transporte, a la minería y a la agricultura y aumentaron considerablemente la producción. No obstante, el indígena no estaba acostumbrado a tan pesados animales, a ese tipo de plantas, ni a los agrestes instrumentos, por lo que la metamorfosis fue muy dolorosa y no siempre con óptimos resultados.

Sin embargo, los misioneros pensaban que darles a los indios una forma de vida similar a la suya, era un requisito necesario para cristianizarlos. Además, los frailes centraron sus esfuerzos en los niños y jóvenes indígenas, pues sabían que la nueva cosmología penetraría mucho más fácilmente en ellos que en los adultos y ancianos, herederos y depositarios de la tradición del mundo prehispánico.

Por su parte, los indígenas tenían una extraordinaria capacidad musical y una larga tradición pictórica. Los franciscanos recurrieron a ambas manifestaciones para que la religión católica penetrara y se arraigara en el corazón indígena. El llamado "método audiovisual" contribuyó a la elaboración de magníficas piezas musicales y maravillosas pinturas murales al temple, a partir de las cuales se enseñó al indígena los complicados preceptos cristianos.

A pesar de la resistencia del evangelizado, el convento se convirtió en el centro religioso y cultural por excelencia. La construcción de estos espacios refleja las necesidades a las que se enfrentaron los primeros frailes. Al lado del templo se erigieron las capillas abiertas, destinadas en primera instancia a captar la mayor cantidad posible de indios, y así realizar las conversiones masivas. El sacramento más importante fue el bautismo, primer paso que debía darse dentro de la nueva forma de vida. Fray Toribio de Paredes o

La colonización de los territorios del norte fue un proceso muy complicado, sin embargo, las misiones ayudaron a que la avanzada se hiciera a paso firme.

Benavente, conocido por los indios como "Motolinía" —que en náhuatl significa "pobre"—, a propósito refiere: "Y los que no quisieren oír de grado el evangelio de Nuestro Señor Jesucristo sea por fuerza [...] Más vale bueno por fuerza que malo por grado".

Los frailes asumieron la responsabilidad de conseguir en el menor tiempo posible el mayor número de fieles. El pensamiento escolástico medieval, con su visión centrada en la religión, comenzó a transformarse a través del contacto con el humanismo renacentista, centrado en la recuperación de la cultura grecolatina y dedicado a la comprensión del mundo y al estudio del hombre. Así, la interpretación del Nuevo Mundo tenía un fundamento mesiánico, que veía a la historia como un campo de acción de la providencia divina.

Los frailes consideraron que las tierras recién exploradas eran un premio de Dios para establecer un nuevo orbe que reflejara las virtudes de la Jerusalén Celestial, además de una oportunidad de demostrar tanto el poder divino, como el del mismo franciscanismo, en contra de la acción del diablo, quien según ellos había engañado al indígena para que olvidara la verdadera fe. A partir de esta concepción se definió la naturaleza del indio y de su cultura y también se revaloraron y discutieron los métodos de conquista y de evangelización.

Para Motolinía, el indígena era un ser bueno pero inmaduro, por ello podía ser obligado a convertirse, y se le debía mantener bajo el control de los frailes y el encomendero. Por otro lado, fray Bernardino de Sahagún consideró al indio un ser en esencia bueno, pero vulnerable, que debía ser supervisado porque era susceptible de ser fácilmente engañado, por lo que cometía muchos actos idolátricos y mezclaba los conceptos religiosos. Más adelante, fray Bartolomé de las Casas consideró al indígena como un ser perfecto y bondadoso, por lo que su conversión debía realizarse por medios pacíficos; así, la conquista militar y la encomienda resultaban injustas y escribió: "La guerra declarada a los infieles para que reciban la religión cristiana [...] es una guerra temeraria, injusta, inicua, tiránica".

El franciscanismo, al ser la primera orden religiosa que llegó al Nuevo Mundo, tuvo la ventaja de decidir su campo de acción. Una vez que los frailes se concentraron en la ciudad de México, se distribuyeron en el territorio; unos permanecieron en la capital y otros partieron a lugares como Tetzcoco, Huejotzingo y Tlaxcala.

Tras los franciscanos llegaron los dominicos (1526), los agustinos (1533) y los jesuitas (1572), entre otros. Se conformó un abundante clero regular y, junto con el escaso clero secular presente (el que no pertenece a una orden), dedicaron sus esfuerzos a la evangelización. El afán de acabar con cualquier concepción que pudiera tener un contenido religioso, que identificaban con el diablo, los llevó a la destrucción de los testimonios de la cosmología prehispánica. De este modo, la quema de gran cantidad de códices dejó oquedades imposibles de llenar en los estudios del mundo mesoamericano.

Es pertinente aclarar que no todos los frailes cometieron ese tipo de acciones. Ejemplo de esto es la obra de fray Bernardino de Sahagún: *Historia General de las Cosas de la Nueva España*. El fraile decía que así como un médico debía conocer las enfermedades corporales para poder atacarlas, era necesario que el religioso conociera las *enfermedades espirituales* para poder sanarlas. Cualquiera que haya sido el principal objetivo, su obra es un concienzudo estudio de la cultura mexica y punto de partida para muchas investigaciones.

Las ordenes mendicantes, al poseer el control político-religioso, y ante la falta de clérigos seculares, pudieron ascender a puestos como el de obispos y desde ahí impulsar la cultura. Por ejemplo, fray Juan de Zumárraga, (primer arzobispo de México) fundó hospitales y escuelas, como el *Colegio de enseñanza superior para nobles indígenas de Santa Cruz de Tlatelolco*, y también colaboró a la primera imprenta en América. Del mismo modo, Vasco de Quiroga fue creador de los "hospitales pueblo" inspirados en la *Utopía* de Tomás Moro, y también fue promotor de las artes y las artesanías.

El primer obispado que se fundó en Nueva España fue el de Tlaxcala (1526), y luego se crearon los de México (1530), Oaxaca (1531), Michoacán (1536), Chiapas (1529), Guadalajara (1546) y

Yucatán (1561). El de México se convirtió en arzobispado en 1548, es decir, se le dio un rango superior. Hacia las últimas décadas del siglo XVI empezó a declinar la influencia del clero regular debido a la creciente intervención de clérigos seculares en los altos mandos de la Iglesia.

A la cabeza del clero secular se encontraban los obispos, que tenían jurisdicción sobre un extenso territorio denominado diócesis y sobre las parroquias que las fundaban. La sede del obispo era la catedral, y para administrarla, cada prelado era ayudado por los miembros del cabildo eclesiástico, órgano inamovible con el que los obispos tuvieron fricciones y que vivían del cobro de los diezmos. Bajo la jurisdicción episcopal también se encontraban la mayor parte de los conjuntos conventuales. Por su parte, el clero regular estaba constituido por diversas corporaciones denominadas provincias, que geográficamente compartían el territorio con las diócesis y nunca hubo una frontera bien definida, lo que también propició conflictos entre los cleros.

Por otro lado, la misión jugó un papel fundamental en el proceso colonizador del norte, donde los grupos indígenas eran más agresivos y seminómadas. Esta zona cultural comúnmente llamada Aridoamérica era una extensa región semiárida, situada al norte de México y al sur del actual territorio de Estados Unidos, amén de ser una de las fronteras mesoamericanas que para ese tiempo ya había desarrollado la agricultura. De esta forma, las misiones fueron centros creados por los religiosos donde se congregaba a los indios para cristianizarlos. Los franciscanos penetraron primero en aquel clima inhóspito. La ausencia de grandes asentamientos urbanos dificultó la fundación de las primeras misiones y no fue sino hasta que el Bajío estuvo bajo el control español, y la guerra chichimeca fue superada, cuando los frailes atrajeron a los indios con regalos y promesas de eximir el tributaje. Después de los misioneros, llegaron los ganaderos, los mineros y los agricultores, para afianzar así la colonización.

En 1590 incursionaron en el área los jesuitas, quienes iniciaron las misiones de Sinaloa y Sonora desde el fuerte militar de San Felipe. Para ello, mantuvieron el control gubernamental de los líderes indígenas. En cada misión vivía un jesuita que organizaba la vida religiosa e introducía el ganado y distintos cultivos que pudieran sobrevivir al clima norteño.

Durante los primeros años del siglo XVII, los franciscanos penetraron en Nuevo México, Nueva Vizcaya y Nuevo León. Para reforzar las misiones se crearon nuevas provincias como la de San Francisco de Zacatecas (1604) y la de Santiago de Jalisco (1607); sin embargo, la mayoría de dichos intentos fracasaron ante las continuas invasiones indígenas, por lo que tuvieron que replegarse a los sitios fronterizos defendidos por la milicia.

Por otra parte, poco a poco las misiones jesuitas se convirtieron en los centros de abastecimiento de los reales de minas y, ante la demanda de trabajo, los indígenas tuvieron que prestar servicios forzosos en la minería, los cuales frecuentemente no eran remunerados. La situación de descontento motivó numerosas rebeliones que fueron reprimidas por los ejércitos desde Durango y Culiacán.

A la postre, la conquista espiritual no se limitó a la difusión del credo cristiano: también influyó en muchos aspectos de la ideología y la vida práctica de los pueblos indígenas. Fue la llave que abrió la puerta de la colonización, pues implicó el abandono de muchas tradiciones antiguas, un proceso lento y conflictivo. Frecuentemente, los indios mantuvieron remanentes de su cultura, lo que explica en buena parte muchas de las peculiaridades que tuvo y aún tiene el culto cristiano en México.

La rica tradición de la nueva sociedad

La población de Nueva España fue un maravilloso mosaico multiétnico y, por ende, pluricultural. La mezcla de cada ente brindó un matiz distinto al prisma social novohispano e hizo del mestizaje un estandarte que heredó el México independiente.

Al estudiar el proceso de conquista, podemos apreciar la variedad de grupos nativos amerindios. Para el caso de los españoles, la Corona procuró ejercer un estricto control en cuanto al paso al Nuevo Mundo. La Casa de Contratación de Sevilla tenía la responsabilidad de otorgar los pases y llevar un registro de todos los pasajeros que se embarcaban.

La realidad americana ofrecía al europeo, como ya indicamos, una magnífica oportunidad para elevar su nivel económico y social. Las personas que tuvieran una cierta seguridad en estos aspectos, no se arriesgarían a cruzar el Atlántico. Los primeros aventureros no eran aristócratas acaudalados, sino segundones de la nobleza que recibían el título de "hidalgos" y no tenían nada que arriesgar en España, pero sí mucho que ganar en el Nuevo Mundo; el mismo Hernán Cortés fue un hidalgo. Cabe mencionar que los conquistadores americanos eran hijos o nietos de los soldados que habían luchado durante el proceso de Reconquista, lo que le brindó a la empresa una esencia de legitimidad divina.

De cualquier modo, la Casa de Contratación de Sevilla pedía ciertos requisitos para autorizar el viaje. De hecho, también establecía importantes restricciones, como el que el emigrante no fuera judío, moro o hereje. También se evitó el paso de conversos, aunque éstos muchas veces mintieron para ocultar su verdadera religión. Uno de los requisitos importantes para viajar al Nuevo Mundo era comprobar la "limpieza de sangre", es decir, demostrar que la persona era "cristiano viejo" y que no descendía de judíos o musulmanes. Además, se exigía que fuera propietario de alguna tierra o bien y que tuviera alguna ocupación lícita, amén de ser un hombre de "buenas costumbres". Evidentemente, era muy difícil comprobar todas estas cuestiones, pero hacen patente la preocupación de la corona española por poblar el escenario novohispano con un perfil depurado.

Ciertamente, las proporciones de indígenas e inmigrantes europeos no fueron equitativas y mucho se ha escrito y especulado con las cifras demográficas. Aunque no hay datos contundentes, los más aceptados indican que a la llegada de los españoles el área mesoamericana contaba con menos de 24 millones de habitantes y, si sumamos la población desde el actual Estados Unidos hasta Centroamérica, se tendría un poco más de 26 millones. Sin embargo, hacia la segunda mitad del siglo XVI (1574) el número de indígenas descendió a aproximadamente 3.8 millones y los españoles siguieron siendo menos de 60 mil.

Poco a poco, ante la dramática baja indígena, por el proceso mismo de conquista, por las extenuantes expediciones que guiaron la explotación de la encomienda y por el agotador trabajo en minas, sin mencionar las devastadoras epidemias (como las de 1547 y 1576), se tuvo que incorporar un nuevo grupo racial: los africanos, quienes jugaron un papel muy importante en la dinámica social novohispana. De hecho, para 1574 fueron un poco más de 20 mil.

Es importante mencionar que ser español equivalía a ocupar un lugar de privilegio dentro de la sociedad, así como tener la oportunidad de obtener los puestos públicos más importantes y servirse del trabajo de indios y africanos. Es necesario destacar que los españoles que habían nacido en la Madre Patria, eran llamados "peninsulares" y tenían en su poder los puestos más destacados del gobierno novohispano. En cambio, si de padres españoles nacía un hijo en tierras virreinales, éste recibía la denominación de "criollo", el cual era visto como un español, pero en esencia no tenía ni los mismos derechos, ni la misma categoría de un peninsular.

Pertenecer al grupo indígena implicaba, salvo contadas excepciones (como la de los tlaxcaltecas), la obligación de trabajar individual o colectivamente para el español; por otra parte, los africanos estaban destinados a la esclavitud. No obstante, las adversidades climáticas de las minas ocasionaron el descenso inmediato de dicha población, además de que el duro tránsito desde el corazón africano hasta las subastas los desgastaba de manera considerable.

Estos grupos étnicos no permanecieron aislados, y pronto el mestizaje empezó a cambiar el panorama novohispano. Ante la escasez de mujeres europeas en el momento del primer contacto, los conquistadores tomaron indias y de ellas nacieron los mestizos. Dentro de este grupo había dos importantes divisiones: los que eran reconocidos por los españoles (y entonces eran considerados españoles de menor calidad), y los que no lo eran (y pasaban a formar parte de alguna comunidad indígena, generalmente de la madre).

Este nuevo ente social fue rechazado por los grupos indígenas por no pertenecer a su misma cosmovisión. Al mismo tiempo, y utilizando los mismos argumentos, los españoles también los rechazaron. Muy pocos mestizos lograron destacar en ámbitos donde los españoles tenían la hegemonía, y la mayoría tuvo que buscar una oportunidad en las ciudades fronterizas o en las minas. Esta situación también la vivieron los grupos afromestizos.

De la mezcla racial entre españoles y africanos nacieron los mulatos, que podían ser libres o esclavos, dependiendo del español. Una clase más se originó a partir del contacto entre los indígenas y los africanos, a los que se llamó zambos; sin embargo, al no tener la posibilidad de ascender socialmente, este tipo de mestizaje no fue tan frecuente.

La compleja composición social originó un sinnúmero de mezclas que se conocieron con el nombre de castas (que, a diferencia de las hindúes, sí tuvieron movilidad social). La característica de estos estamentos es que racialmente eran distintos, tanto para los españoles como para los indígenas y los africanos. Mientras que estos grupos supuestamente "puros" tenían leyes bien definidas, las castas no.

El arte que produjeron todos estos agentes sociales fue completamente distinto al que se realizó en España. En el caso de la pintura, desde los años inmediatos a la conquista, el español constató la habilidad técnica y la sensibilidad indígena. Si bien no comprendió los complicados símbolos prehispánicos, sí admiró su destreza. Los *tlacuilos* (nombre con que se designaba en náhuatl a los pintores) fueron figuras de gran importancia en el desarrollo de la cultura prehispánica, y se aprovecharon para elaborar los códices postcortesianos. Y si bien estos libros nos ayudan a comprender parte de las culturas mesoamericanas, poseen en sí mismos una cosmovisión compartida.

Una de las primeras manifestaciones artísticas que combinaron la tradición prehispánica con la europea, fue el arte plumario (mosaico de plumas de aves de múltiples colores). Aunque el material es perecedero, existen magníficos ejemplos de tan singular expresión que combina la técnica prehispánica con el imaginario

Debido a la importancia de la plata, entre las organizaciones gremiales con mayor prestigio se encontraba la de los plateros.

occidental, como un *Pantocrator* (representación de Dios Padre en majestad) que resguarda el Museo Nacional del Virreinato.

Los gremios eran instituciones de origen medieval que aglutinaban a artesanos de un mismo oficio de manera obligatoria para evitar la entrada de advenedizos. Se dividía en estrictos niveles jerarquizados donde el estamento más bajo eran los aprendices, varones entre ocho y doce años de edad, que se entrenaban en la labor y recibían sólo casa y comida. Les seguían los oficiales, especie de obreros especializados que recibían un salario por su trabajo. El nivel más alto correspondía al maestro, quien estaba a cargo de un taller y una "tienda" (clientes), y rendía un examen para alcanzar el grado.

En 1557, el gremio de pintores se estableció bajo un orden legal, pues se promulgaron las *Ordenanzas de pintores y doradores*, en las que se estableció que nadie podía producir una obra sin pertenecer al gremio. Las leyes dividieron a los pintores en cuatro grandes grupos: imagineros o pintores de imágenes (que actualmente se asocian con los escultores); doradores, encargados de la policromía de retablos, marcos y esculturas; fresquistas, quienes realizaban la pintura mural; y sargueros, que hacían pinturas sobre tela burda sin bastidor (especie de tapiceros).

Entre los pintores indígenas que han llegado hasta nuestros días se encuentra Marcos Cipac, a quien se le encargó la renovación de la Capilla de San José de los Naturales y a quien Bernal Díaz del Castillo atribuye un cuadro de la Virgen de Guadalupe; y Juan Gerson, el "Tlacuilo de Tecamachalco", autor en ese convento de varias pinturas con temática del Antiguo Testamento.

El estilo artístico que heredó Nueva España del viejo continente durante la segunda mitad del siglo XVI fue el "manierismo". En estricto sentido, este estilo es la última fase del renacimiento, donde se trataba de imitar a los modelos de Miguel Ángel, Leonardo Da Vinci y Rafael, que se consideraban perfectos. La primera generación de pintores novohispanos bebió de la elegancia de las formas estilizadas, la inestabilidad, la extraordinaria fuerza plástica y el peculiar manejo de la luz; en resumen, del sugestivo y erótico manierismo para llevarlo a niveles fantásticos.

Uno de estos primeros maestros fue Simón de Pereyns, autor de la *Virgen de las Nieves*, comúnmente conocida como Virgen del Perdón, que se quemó en 1969 en la Catedral Metropolitana (actualmente se halla en el mismo sitio un extraordinario *San Cristóbal*, también de su autoría). Además, pintó múltiples retablos como los de Mixquic, Acolman, Malinalco y los de la Antigua Catedral de México.

Andrés de Concha, otro miembro destacado de esta prístina generación, fue autor de magníficos cuadros como la *Sagrada Familia*, la *Santa Cecilia* y el *Martirio de San Lorenzo*, que actualmente se exhiben en el Museo Nacional de Arte. Asimismo, en Oaxaca pintó los retablos de Yanhuitlán, Teposcolula, Achiutla y, en la Ciudad de México, los del convento de San Agustín. Francisco Morales, Alonso Franco y Alonso de Villasana completan este primer grupo pictórico.

En cuanto a otras manifestaciones culturales, la música logró impregnar a esta nueva realidad con notas que mezclan la tradición prehispánica con el formalismo europeo. Así, se atribuyen a Hernando Franco dos plegarias en náhuatl que se encuentran en el códice Valdés y que son las muestras más antiguas de la polifonía escrita en el Nuevo Mundo que han llegado a nuestros días.

Definitivamente, el siglo XVI fue el siglo de la conformación de una entidad nueva, capaz de sintetizar el pasado indígena y adaptarlo a una realidad distinta. El proceso fue largo y doloroso; las raíces estaban echadas y edificarían un escenario impregnado de las lágrimas de antaño, al mismo tiempo que mostraba la pasión y voluptuosidad del ser novohispano, que en el siguiente siglo se elevaría a niveles que ni la misma Madre Patria jamás habría soñado.

2

EL VIAJE: EL SIGLO XVII

El olvido del puerto español

El estudio de los primeros 100 años de la presencia española en estas tierras es muy atractivo, pues comprende los procesos de conquista y la conformación de nuevas realidades. También el del siglo XVIII, cuando se asentaron las bases de la nacionalidad y se sembraron las semillas de la independencia. Tal vez ésa es la razón por la que el siglo XVII ha sido menos estudiado y, sin embargo, su importancia no es menor, pues es la etapa de consolidación y de modificaciones radicales a las estructuras políticas, económicas y sociales.

Es importante aclarar que la época virreinal se ha separado en siglos por necesidades didácticas más que por una verdadera diferenciación temporal. En realidad, las transformaciones que tradicionalmente se colocan en el siglo XVII, iniciaron en el último cuarto del XVI y se alargaron hasta el primer tercio del XVIII.

Por otra parte, para asimilar la compleja articulación de este periodo es indispensable comprender el colapso del imperio español. Durante el siglo XVII, Europa en general sufrió un descenso de población por epidemias y periodos de hambruna. España compartió estos problemas, pero en su caso se agudizaron por la ocupación de un gran número de hombres en labores no económicas, como la milicia y la iglesia.

En términos generales, el mercantilismo tomaba la acumulación de metales preciosos como indicador para calificar las economías europeas. Los distintos países buscaban posesiones que los proveyeran de materias primas para venderles después productos manufacturados, convirtiéndolas en mercados cautivos. Como ya explicamos, este modelo no funcionó para España, pues se convirtió en importadora y distribuidora de productos manufacturados. El papel de intermediaria entre sus reinos americanos y Europa le impidió quedarse con las mejores ganancias, y su economía quedó dependiente de los otros países capitalistas europeos.

Además, el imperio parecía desmoronarse con la separación definitiva de Portugal, revueltas de las provincias vascas, brotes de insurrección en Andalucía y múltiples guerras entre potencias. Por otra parte, la afluencia de plata americana sufrió un brusco descenso. Entre 1591 y 1595 habían entrado a Sevilla 35.5 millones de pesos, mientras que entre 1656 y 1660, tan solo 3.3. Por esto se ha denominado al siglo XVII español como "el siglo de la depresión".

Como si fuera poco, los tres reyes españoles de los años 1600 (Felipe III, de 1598 a 1621; Felipe IV, de 1621 a 1655 y Carlos II, de 1665 a 1700) mostraron poca capacidad y confiaron la dirección del gobierno a validos que tampoco supieron afrontar la crisis. La Corona adoptó medidas hacendarias que a la postre la perjudicaron más. Se vendieron cargos públicos y mercedes de tierras o contratos para regular su posesión, incluso se llegó a la venta de perdones para presidiarios, con el consiguiente aumento de la corrupción.

Paradójicamente, la gloria cultural española se dio durante la primera mitad de ese siglo, contradicción que solamente se puede explicar por los procesos de Reforma y Contrarreforma; la Reforma nació en los primeros años del siglo XVI, con la aparición de las Iglesias Protestantes. Gran parte de Europa se sustrajo a la obediencia al Papa, más por cuestiones político-económicas que por diferencias religiosas sustanciales. En un principio, las obras de los reformistas Marín Lutero, Juan Calvino y Enrico Zuinglio tuvieron como propósito acercar la religión al pueblo y criticar severamente los excesos de la Iglesia; sin embargo, la insubordinación total al papado permitió a los países reformados acelerar sus procesos económicos y, con el paso del tiempo, hacer posible la industrialización.

El cristianismo se dividió en dos grupos: católicos y protestantes. Los primeros asumieron una posición tradicional y se tardaron en transformar su propio devenir. La contrarreforma, o reacción del catolicismo, inició con el famoso Concilio de Trento (1545-1563). España, quien seguía siendo fiel al Papa, encarnó las posturas tridentinas y encabezó la lucha contrarreformista. Como prueba fehaciente de poder, decidió mostrar al mundo la grandeza de la

Iglesia católica y produjo una magnificencia artística y cultural que se trasminó a sus reinos americanos.

Este complicado proceso hispano se tradujo en una desatención a las posesiones de ultramar. Solamente se dio importancia a que la abastecieran de oro, plata y productos exóticos para el viejo continente. Resulta elocuente que hasta el siglo XX ningún rey español pisara tierras americanas.

Las vicisitudes del viaje: economía

Las posesiones resintieron el abandono y se alteró su rumbo; asimismo, a partir del siglo XVI hubo terribles epidemias, lo que resultó en una dramática disminución de indígenas. Para mediados del XVII esta población alcanzó su punto más bajo. El médico y sociólogo veracruzano, Gonzalo Aguirre Beltrán da las siguientes cifras para 1646: indígenas, 1,269,607; europeos, 13,780; africanos, 35,089; euromestizos, 168,586; indomestizos, 109,042 y afromestizos, 116,529. La recuperación de la población se dio hacia la segunda mitad del siglo XVII, y con ello aumentó el consumo, creció la fuerza de trabajo y se fortaleció la producción.

El descenso de la población había afectado seriamente a la encomienda y se introdujeron nuevos agentes a la vida virreinal. Se permitió la adquisición de tierras sin haberlas cedido el rey, por lo que los dueños comenzaron a expulsar a los nativos de sus comunidades. Así nació el sistema de haciendas: latifundios de producción amplia y diversificada, que podía ser agrícola, ganadera, industrial o minera. Su característica fundamental fue la autosuficiencia, por lo cual perduraron con éxito incluso en el México independiente. Poseían mulas, rebaños, bosque, praderas, tierras de cultivo y aguas de riego. Cada una se especializaba en la producción de varios insumos que se exportaban o se vendían en las ciudades cercanas; por ejemplo, cueros, carne, sebo, azúcar y alcoholes, cereales, pulque y lana.

La producción podía intensificarse cuando los mercados se abrían y, en el caso contrario, se mantenía el nivel indispensable para el autoabasto. Ante la crisis demográfica, los dueños se dispu-

La nueva economía virreinal estuvo regida por la hacienda.

taban a los trabajadores indios, mestizos y africanos, y el sistema que idearon para retenerlos fue a partir de deudas que adquirían con el hacendado y que difícilmente se lograban pagar. Sin embargo, los indígenas preferían quedarse en las haciendas pues recibían mejor trato que en las encomiendas.

Además, a partir de la segunda mitad del siglo XVI, las ciudades se consolidaron como centros de intercambio de mercancías y servicios, así como capitales políticas, administrativas y religiosas de las distintas regiones. Los nuevos sectores sociales del ámbito urbano: burócratas, mercaderes, hacendados y dignatarios eclesiásticos, comenzaron a desplazar a las fuerzas económicas que habían controlado el escenario de la primera fase de la época virreinal.

Por otra parte, la búsqueda de nuevos yacimientos minerales, que provocó la colonización del Bajío y de los territorios del norte, también requería mano de obra, la cual se reclutó por medio de un repartimiento moderado: 4% de los varones indígenas mayores de 18 años. Se buscó dar un impulso a la industria minera, para lo cual se ofreció un salario mayor al recibido en las actividades agrícolas. Además, se institucionalizó un sistema llamado "partido", que consistía en que el minero se quedara con la mitad del mineral que extrajera, una vez que hubiera cumplido con su cuota.

También se establecieron "estancos", es decir, monopolios que controlaban ciertos productos, como el papel, el tabaco y el azogue (mercurio), cuya producción, extracción o venta estaban determinantemente prohibidas dentro del territorio novohispano. Tuvo enormes repercusiones el control del azogue, pues era indispensable para la obtención de metales puros. España redujo las cuotas de Nueva España en beneficio del Perú, cuyas minas eran mucho más productivas, por lo que para el siglo XVII aquel virreinato llevaba la vanguardia económica americana; sin embargo, el comercio interior se vio beneficiado con la producción minera.

Por lo que respecta al comercio exterior, la ruta a Europa siguió saliendo de Veracruz hacia Sevilla —región con el único puerto habilitado en España, aunque posteriormente se abrió también Cádiz—. Pero surgió otra vía de intercambio a través de Acapulco, adonde llegaban *La Nao de China y El Galeón de Manila*, desde Filipi-

A través de La Nao de China y el Galeón de Manila se agilizó la economía del virreinato.

nas. Así, se creó un eje comercial China-Manila-Acapulco-Ciudad de México o Puebla-Veracruz-Sevilla o Cádiz. Los galeones llegaban una vez al año de Asia, cargados de exóticos productos como telas de algodón y seda, plata labrada, loza, especias y marfil, y aunque una parte de ellos se quedaba en Nueva España, la mayoría se iba rumbo al Viejo Continente, acompañados de la tan preciada plata mexicana, cacao y tintes elaborados con añil y grana cochinilla. Más tarde, las embarcaciones regresaban de España con productos como aceite de oliva y vino. Por fin se había concretado la tan ansiada ruta hacia oriente: el primer comercio con carácter global.

Ante peligros propios de la navegación, como ciclones, huracanes y piratas, aunados a las enormes dificultades que representaba la conservación de alimentos para viajes que duraban aproximadamente seis meses, se ideó un sistema de "Flotas" que perduró hasta 1778. Consistía en grupos de navíos protegidos por buques de guerra que hacían un viaje anual de España a La Habana, como primera parada, y de ahí enviaban aviso a Nueva España de su próxima llegada.

A raíz de esto se creó una armada llamada "de Barvolento" para patrullar las Antillas y proteger al comercio español, pero ante la escasez de recursos para sostenerla, fracasó. Hacia 1600, el pirata inglés Morgan obtuvo grandes éxitos al apoderase de Maracaibo (Venezuela). El contrabando se intensificó hacia finales del siglo XVII, cuando un grupo de piratas tomó el puerto de Veracruz y lo saqueó durante tres días. Posteriormente, tomaron Campeche y se aproximaron a la ciudad de Valladolid en la Península de Yucatán. Otros grupos de piratas azotaron Acapulco y Tampico. Las costas novohispanas llegaron a estar tan desprotegidas, que en 1633 la ciudad de Campeche fue ocupada por holandeses.

Como podemos ver, el comercio era muy complicado y muchas veces los comerciantes tenían que rematar sus mercancías, pues nadie quería regresar con ellas a la península. Asimismo, se buscó crear una nueva ruta comercial para el Perú a partir de Acapulco; sin embargo, dicho tráfico rompería el monopolio sevillano, por lo que para 1634 se prohibió determinantemente.

El sistema de "Flotas" aseguró que tanto las mercancías asiáticas como las americanas llegaran a salvo a los puertos españoles.

En 1609, las exportaciones mexicanas fueron 60% plata y el resto diversas mercancías, como cueros y plantas medicinales. Se reforzó el Consulado, asociación que monopolizaba el comercio, por lo que sus miembros constituían un sector poderoso.

En teoría, la economía mercantilista imposibilitaba la manufactura de cualquier producto; por ejemplo, en el virreinato no se podía fabricar una silla, aunque se tuviera la madera; se debía enviar la materia prima a España y allá se hacía, para devolver el producto terminado en la siguiente Flota. Esto dilataba considerablemente cualquier proceso, y aunque se respetó la prohibición de muchas manufacturas, otras se hicieron sin mayores dificultades.

También se siguió la política de gravar con altos impuestos los productos que los reinos de ultramar necesitaban importar, con el fin de obtener mayores ingresos. Lo anterior produjo el efecto opuesto, ya que Nueva España comenzó a fabricar dichos productos, hubiesen sido prohibidos o no. Con ello comprobamos que nuestro virreinato gozó de cierta autonomía, de la que más adelante se arrepentiría la Madre Patria pues, con el tiempo, las importaciones se redujeron a objetos de lujo. Esto, de ninguna manera indica que hacia el siglo XVII Nueva España fuera autosuficiente, pero sí marcó definitivamente el devenir mercantil del virreinato.

El timón y las velas del gran galeón: Iglesia y política

Desde el siglo XVI, un nuevo fenómeno político conocido como absolutismo, se generalizó en el Viejo Continente. Frente a los poderes tradicionales de la Iglesia y la nobleza, los monarcas procuraban asumir un control más amplio, para lo cual se apoyaron en la pujante burguesía. El absolutismo unificador y nacionalista tuvo grandes dificultades para imponerse y subordinar el poder de los grupos eclesiásticos y aristócratas. En el caso de España, al no haberse desarrollado temprano una burguesía nacional, los reyes constantemente tuvieron que abandonar su proyecto centralizador para adoptar una política conciliadora. Es decir, España sólo parecía haberse constituido como un estado moderno, con un gobierno centralizado y un soberano con poder absoluto.

Por el contrario, los reinos americanos se fundaron dentro del modelo absolutista. Nueva España tenía una unidad política, legal y administrativa para todo el territorio. Pese a los sueños de los conquistadores, nunca llegó a consolidarse una nobleza con poder propio, pues éste dimanaba directamente del rey. Las características del estado moderno estaban dadas en las Indias desde el momento mismo de su fundación. Sin embargo, el elemento aglutinante de la sociedad novohispana no fue el poder real, representado por el virrey, sino la Iglesia, en la que las capas medias y acomodadas encontraron un medio de subsistencia y prestigio, sobre todo como única salida para los segundones. Hasta 1680 se prohibió el sacerdocio para indios y mestizos, pero aún después, la Iglesia siguió siendo básicamente blanca y mayoritariamente criolla. Sus miembros tenían múltiples privilegios, como la exención tributaria y el derecho a ser juzgados en tribunales especiales, entre otros tantos fueros.

Es importante destacar que la Iglesia tuvo un carácter cohesionador gracias a su labor doctrinal y evangelizadora, que cubrió prácticamente todo el territorio novohispano, a sus grandes recursos económicos, que la convirtieron en la principal prestamista, y a su autoridad moral, reforzada por el Santo Oficio de la Inquisición, emanado de una larga e importante tradición europea. El Papa Inocencio III había instituido un tribunal eclesiástico en 1215, con la finalidad de acabar con las herejías que azotaban a Europa. Más adelante, se publicó una ley que imponía la pena de muerte a los herejes, y el Papa Gregorio IX creó un "nuevo tribunal de la Inquisición", del que se encargó la orden de santo Domingo de Guzmán. Este tribunal fue tardíamente instaurado en España por los Reyes Católicos y mientras que en el Viejo Continente se llegó a excesos significativos, en América tuvo un carácter mucho menos agresivo.

El Santo Oficio fue implantado en América en un momento específico de la historia de España que coincidió con las últimas grandes victorias sobre los infieles y los resplandores finales de la gloria imperial; su instauración corresponde al deseo de preservar la pureza de la fe en sus tierras y almas recién conquistadas.

La presencia en Nueva España de las instancias inquisitoriales se remonta al primer momento de la conquista, pues no tardó en plantearse la cuestión del trato que debía darse a los indígenas en el caso de que infringieran las reglas cristianas y, por tanto, se hicieran merecedores de las mismas sanciones que los cristianos de origen europeo.

También se ha señalado que muchos indios se mantuvieron fieles al orden prehispánico y fueron perseguidos por practicar idolatría, brujería e incluso por hacer sacrificios. Las penas que recibían eran variadas, iban desde el arrepentimiento público o secreto, hasta el encarcelamiento o la muerte, pasando por la sumisión a penitencias o el uso de una especie de chaleco o túnica amarilla con una cruz roja, comúnmente llamada "sambenito", con la que socialmente se reconocía al infractor. Es importante mencionar que ningún novohispano fue quemado (como sí lo fueron, en gran número, en toda Europa), y los contados condenados a muerte fueron ahorcados.

Antes del establecimiento del Tribunal del Santo Oficio de México, en 1571, el virreinato había tenido una inquisición monástica; es decir, se había encargado a los frailes la vigilancia del nuevo orden cristiano. El franciscano fray Martín de Valencia fue el primer inquisidor, aunque no en sentido rígido, pues su orden estuvo a cargo de dicha actividad por muy poco tiempo. En 1526 la Inquisición pasó, como era costumbre, a los dominicos.

El territorio sometido a la jurisdicción de la nueva Inquisición abarcaba no sólo la Nueva España, sino también Nueva Galicia, los territorios norteños, Guatemala, el actual Salvador, Honduras, Nicaragua y Filipinas. En total 13 millones de km^2, mientras que en España, 16 tribunales ejercían su autoridad sobre un territorio de poco más de 500,000 km^2. Lógicamente, los transgresores podían perderse con facilidad en tan vasto territorio y, por lo tanto, la función inquisitorial fue más bien pasiva, receptora y catalizadora de tensiones sociales.

En Nueva España el Santo Oficio estaba condenado a no ser más que una policía de los sectores dominantes. El pan diario lo constituían la blasfemia, el reniego de esclavos, las proposiciones y los comportamientos dictados por la ignorancia, las libertades para la moral sexual y las prácticas que las supersticiones combinadas de varias culturas se multiplicaban al infinito. La Inquisición perduró hasta el final del periodo virreinal, aunque su momento más importante fue la primera mitad del siglo XVII.

En general, las relaciones de la Iglesia con el Estado fueron buenas, a pesar de que el poder eclesiástico dentro de la sociedad era irrefutable. Quizá los mismos reyes y sus consejeros lo supieron, pues durante el siglo XVII se otorgó seis veces el gobierno civil a un miembro de la jerarquía eclesial. De hecho, cuando se dio el caso de ausencia temporal de un virrey, normalmente la Iglesia asumió sus responsabilidades, aunque se tenía previsto que el poder pasara a la Real Audiencia de México, lo que sólo ocurrió tres veces en ese siglo.

El capitán: la figura del virrey

Ante la fuerza de la Iglesia, la figura del virrey fue muy discutible. En realidad no era más que un representante del monarca, un funcionario con amplias facultades, pero cuyas decisiones no eran inapelables para todos. A pesar de que hubo virreyes con innegables rasgos de fortaleza de carácter, los más fueron nobles o militares con escasas facultades de mando. Pese a todo, era el virrey quien encarnaba la unidad del territorio, y su cargo era el más alto que podía obtenerse en tierras americanas.

La impresión de que el siglo XVII fue una época de calma es completamente errónea. Los virreyes se sucedieron con mucha irregularidad en sus periodos de gobierno, pues mientras algunos duraron seis años en el poder, otros tan sólo unos cuantos meses. Un caso excepcional fue el de Luis de Velasco, "el Mozo", hijo del segundo virrey de Nueva España, quien gobernó entre 1589 y 1595, y que después fue enviado al virreinato del Perú y más tarde regresó a Nueva España para cumplir un segundo periodo de 1607 a 1611.

A principios de este gobierno se iniciaron las obras de desagüe del Valle de México, ante las frecuentes inundaciones por el crecimiento temporal de las lagunas. La obra consistió en hacer un largo tajo o corte que convirtió al Valle de México en una cuenca abierta que desaguaba en el Golfo. Hacia 1623, el virrey Gelves provocó una inundación cuando ordenó que se cerraran las compuertas del desagüe para comprobar la necesidad de la obra. Esa fue una de las inundaciones más graves de la ciudad e incluso se discutió la posibilidad de cambiar la ubicación de la capital del virreinato.

Durante el siglo XVII, el territorio novohispano estuvo dividido en cuatro reinos (Nueva España, Nueva Galicia, Nuevo León y Nuevo México), seis provincias (California, San José de Nayarit, Texas, Nuevo Santander —Tamaulipas—, Sonora y Sinaloa), dos gobernaturas (Nueva Vizcaya y Yucatán) y una Capitanía General (Guatemala), que estaban al mando de los gobernadores y capitanes generales, dependientes del virrey. El contacto más directo del pueblo con las autoridades fue por medio de los alcaldes mayores, quienes tenían el control regional, incluso sobre las comunidades indígenas, pues se encargaban de la recolección de tributos, de los repartimientos y de las funciones judiciales de primera instancia; el único contrapeso posible ante su poder era la figura del cura.

A lo largo del siglo se dieron notables casos de desafío al poder virreinal. En 1624 el virrey Gelves sostuvo una disputa con el arzobispo fray Juan Pérez de la Serna, por un alcalde mayor que el virrey mandó apresar y el arzobispo protegió. Las cosas se complicaron al punto que Gelves dio la orden de expulsar al arzobispo. Ya preso y en camino a Veracruz, Serna logró refugiarse en San Juan Teotihuacan y desde aquel centro ceremonial prehispánico excomulgó al virrey y a los oidores que habían firmado su expulsión. Como consecuencia, se suspendió el culto en los templos, por lo que el pueblo se sublevó e incendió las puertas del Palacio Virreinal (actual Palacio Nacional). El virrey tuvo que salir disfrazado y se refugió en el convento de San Francisco hasta que llegó su sucesor, el marqués de Cerralvo.

Hacia finales del siglo se dio uno de los casos más grandes de desafío al poder de los virreyes. Debido a la acción de comerciantes-

El Conde de Galve, Gaspar de la Cerda Sandoval Silva y Mendoza, demostró la inestabilidad del poder español.

tes acaparadores, sobrevino una aguda escasez de maíz y, por ende, el encarecimiento de dicho cereal. Los sectores pobres de la capital se amotinaron y prendieron fuego al Palacio, a la casa del marquesado y a las casas del Cabildo. El virrey tuvo que esconderse y sólo la presencia del clero logró contener el movimiento. Aunque el Conde de Galve se mantuvo en el poder, se demostró que el orden era muy inestable y que había un resentimiento patente contra las autoridades. De hecho, al día siguiente del incendio del Palacio, el 9 de junio de 1692, apareció pintado un cartel de burla que decía: *"este corral se alquila para gallos de la tierra y gallinas de Castilla"*. Seguramente fue colocado por un criollo que cuestionaba la legitimidad del poder español.

Aunque el clero se mantuvo fuerte, también sufrió grandes transformaciones por la política estatal de secularización. Con el paso del tiempo, las órdenes mendicantes perdieron el control hegemónico del que gozaron durante el siglo XVI, para jamás recuperarlo. De hecho, los conflictos entre los cleros secular y regular se prolongaron hasta el siglo XVIII.

La tripulación: la sociedad

Durante el siglo XVII, en todo el virreinato se suscitaron problemas. Quizá los de mayor importancia fueron las rebeliones indígenas en el norte, sur y sureste, apenas colonizados, pues conforme se asentaba el poder español, se dejaron de presentar movimientos de rebelión en la zona central de Nueva España. Así, los conflictos más importantes fueron el de los acaxées y tepehuanes en Durango, el de los guachichiles y alazapas en Nuevo León, el de los bacalar en Yucatán, el de los tarahumaras en Chihuahua y los indígenas de la zona de Oaxaca.

La sociedad del mundo urbano hispano se estratificó a partir de múltiples criterios étnicos, económicos y jurídicos. Alrededor de 1700, la mayor parte de la población de Nueva España seguía viviendo en comunidades indígenas, aunque su situación era muy diversa a lo largo del territorio. Los pueblos más afectados por el proceso de colonización estaban en el Altiplano Central, en el Bajío y en Michoacán. Ahí el crecimiento de las ciudades, la expansión de la hacienda y la creciente demanda del mercado urbano cambiaron profundamente los sistemas de producción y la vida de las comunidades indígenas. A lo largo de todo el siglo XVII aumentó de manera considerable la migración indígena a las ciudades, lo que provocó centros marginales de difícil asimilación.

En las áreas del sur y sureste, como Oaxaca y Yucatán, la hacienda tuvo muy poca importancia debido al escaso mercado urbano, por lo que la dependencia al mercado español fue mucho menor. Sin embargo, los abusos de las autoridades civiles y eclesiásticas provocaron en dichas zonas continuas rebeliones indígenas que la fuerza de las armas reprimió.

En general, las comunidades encontraron formas de mantener su autonomía y resistir los abusos. En Oaxaca y Michoacán, los indígenas utilizaron los hospitales y las cofradías (reuniones de feligreses en torno a un culto para tener cohesión social y reafirmar la religión católica) para controlar mejor los bienes de la comunidad. Es decir, sirvieron como cajas de gastos generales para fiestas y obras públicas. En este proceso tuvo un papel central el culto a

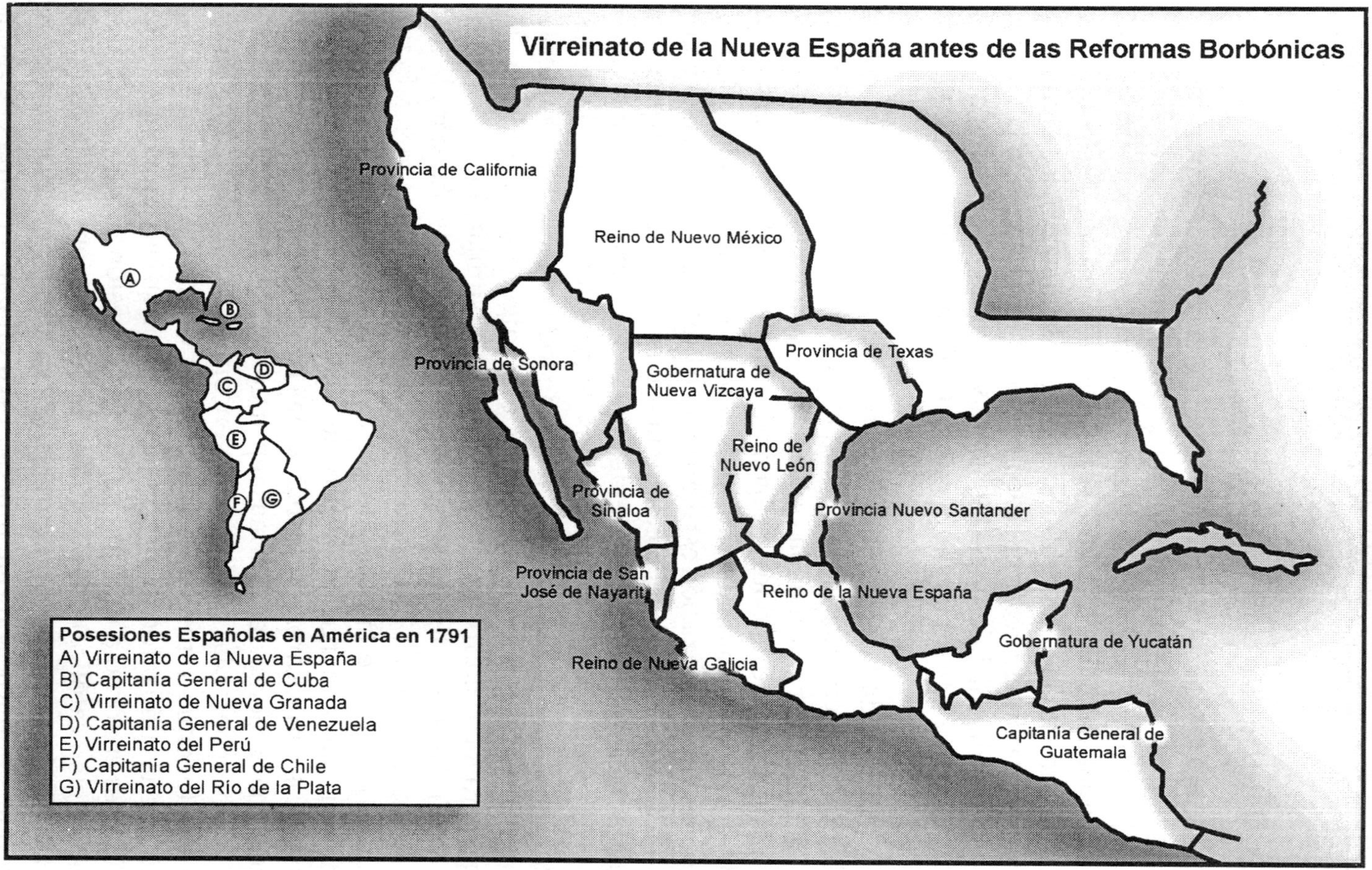
Virreinato de la Nueva España antes de las Reformas Borbónicas
Provincia de California
Reino de Nuevo México
Provincia de Sonora
Provincia de Texas
Gobernatura de
Nueva Vizcaya
Reino de
Nuevo León
Provincia de
Sinaloa
Provincia Nuevo Santander
Provincia de San
José de Nayarit
Reino de la Nueva España
Gobernatura de Yucatán
Reino de Nueva Galicia
Capitanía General de
Guatemala
A
B
C
D
E
F
G
Posesiones Españolas en América en 1791
A) Virreinato de la Nueva España
B) Capitanía General de Cuba
C) Virreinato de Nueva Granada
D) Capitanía General de Venezuela
E) Virreinato del Perú
F) Capitanía General de Chile
G) Virreinato del Río de la Plata

los santos patronos, donde participaba todo el pueblo. Se crearon lazos tan fuertes que fue posible sustentar alrededor de ellos la integración y la convivencia.

También estaban las organizaciones civiles, como los cabildos, que mezclaron prácticas indígenas y españolas. Gracias a ellos se mantuvieron vivas las tradiciones comunales de organización y distribución del trabajo. En muchas zonas, la existencia de cabildos indígenas sirvió, desafortunadamente, para fortalecer a un grupo de familias de caciques que se apropiaban de los cargos y los beneficios.

Para finales del siglo XVII, muchas comunidades indígenas del centro de Nueva España habían asimilado numerosos rasgos de la cultura occidental y aunque los del norte y el sureste se mantuvieron aislados, no tardó en acrecentarse la tensión social en todo el virreinato, pues los peninsulares acaparaban los principales puestos públicos y se repartían las ganancias más jugosas. A diferencia de los aristócratas peninsulares y criollos, la mayoría de los eclesiásticos y las capas medias (comerciantes minoristas, artistas, artesanos, pequeños burócratas y profesionales libres, como médicos y abogados), estaban formados por todas las etnias. No podemos olvidar a los sectores bajos, constituidos por peones que trabajaban en los centros textileros, conocidos como obrajes, además de campesinos, albañiles, vendedores ambulantes, ladrones y mendigos que ocasionaban problemas en las ciudades.

Otro sector importantísimo de la sociedad novohispana fueron las mujeres, y aunque sus actividades estaban centradas en el hogar, tuvieron una presencia indiscutible en la sociedad. La migración de mujeres peninsulares al Nuevo Mundo fue mucho menor, en comparación con la de hombres, pero constante. En España permanecieron muchas en espera de sus maridos y prometidos; sin embargo, la Iglesia impulsó un reglamento para obligar a que los varones las trajeran lo más pronto posible. Si bien no todas las mujeres que llegaron fueron nobles (algunas vinieron como sirvientas y otras, como prostitutas) jugaron un papel primordial como transmisoras culturales.

El matrimonio fue uno de los pilares de la sociedad, no sólo como sacramento básico del cristianismo, sino como fundamento de la familia, vehículo de ascenso social y base legítima de la descendencia (y por ende del mestizaje). Cabe mencionar que la infidelidad fue permitida a los hombres, pero no a las mujeres, pues tanto el clero como el estado las consideraban seres débiles, frágiles, menos resistentes a la tentación, poco racionales y, por lo tanto, necesitadas de reclusión y de la protección del padre, el marido, el hermano o el hijo mayor.

El modelo ideal de conducta femenina fue severo y muy exigente, sobre todo para las clases más altas. Debían evitar fiestas, bailes, demasiados amigos, gastos excesivos en ropa y, sobre todo, un comportamiento frívolo con los varones. Se les permitía una "diversión honesta" en casa, es decir, lectura de "obras decentes" u opúsculos religiosos, bordado, música moderada y oración. Las mujeres de las clases media y baja tuvieron una mayor participación económica, pues fungían como vendedoras ambulantes, curanderas, parteras, sirvientas, nodrizas y prostitutas. Es importante señalar que las mujeres indígenas recibieron también una educación restringida desde el mundo prehispánico y continuó así en la época virreinal.

Mientras que la mayoría de las mujeres en la América española contraían matrimonio, o vivían en uniones consensuales, un pequeño grupo optaba por la vida conventual. Esta elección no estaba abierta a todas, pues se debía pagar una gran dote al convento y si no se contaba con recursos económicos, la opción era recaudar donaciones de patronos piadosos. A las mujeres indígenas no se les permitió la entrada sino hasta 1742, cuando en la ciudad de México se fundó un convento destinado a las descendientes de nobles.

La vida religiosa ofreció a la mujer el medio adecuado para alcanzar la educación; por ello, debemos señalar que en algunos casos la vocación de monja era muy discutible. La mayoría de las mujeres novohispanas fue analfabeta, aunque las niñas de las clases más acomodadas tenían cierto acceso a la educación. Lo cierto es que los conjuntos conventuales no fueron tan sólo centros de espiritualidad, ya que estaban vinculados social y económicamente con la elite virreinal.

Las escenas desde la proa: manifestaciones artísticas

El mosaico pluricultural novohispano se perpetuó en un estilo artístico que, si bien se originó en Europa, la realidad americana lo hizo suyo y le imprimió un sello cargado de devoción, oro y esplendor. El barroco es una forma de arte que representa el fervor religioso en forma casi teatral y lo lleva a sus máximas consecuencias; por eso se vale de alegorías, está cargado con toda la violencia del realismo español y utiliza un lenguaje cultista, repleto de contrastes. En él, lo sutil y sugerente se llegan a fundir con la burla y la rudeza. La vitalidad y el dinamismo parten de un complicado y estudiado plan, donde cada elemento juega un papel importante. No es simplemente llenar el espacio, es engrandecerlo y convertirlo en el lugar ideal donde se postra la deidad. Como dijo santa Teresa de Ávila, el barroco es "encontrar a Dios en los pucheros", pues la divinidad y su exaltación están siempre presentes en todas sus formas. Por eso se convirtió, como vimos, en la mejor forma de encarar a la Reforma protestante.

Paralelamente, se reforzó la idea de que si las plantas y animales traídos de Europa a América se degeneraban con el tiempo, algo parecido ocurría con los hombres. Ante esta ideología, los criollos reaccionaron de distintas maneras. Unos se reunían a discutir la tosquedad e ignorancia de los españoles peninsulares, mientras que otros exaltaban en forma desmedida su propia realidad americana; paulatinamente se identificaron con su tierra y, por consiguiente, con el pasado indígena que comenzó a mitificarse.

De esta última postura nació el barroco criollo, del que abrevaron manifestaciones artísticas como la música, la pintura, la arquitectura, el teatro y la literatura. Los criollos mostraron un fuerte sentimiento de orgullo que afianzó su conciencia colectiva de pertenencia a un espacio y tiempo novohispanos. Para ellos, la antigüedad de su tierra era equiparable con la gloria grecolatina o la egipcia. Incluso llegaron a incluir a América en la vertiente cristiana, pues identificaron a Santo Tomás, el apóstol perdido, con Quetzalcóatl. Figuras como la Virgen de Guadalupe y el entonces beato, Felipe de Jesús, fueron recurrentes en los discursos artísticos, y para algunos eran prueba fehaciente de predilección divina. El culto a las imágenes fomentó que en cada una de las regiones del virreinato se crearan sentimientos de identidad. Durante el barroco se originó un lenguaje marcado por acentos indígenas y africanos, acompañado por comidas enriquecidas con múltiples tradiciones y sabores disímbolos. Así, lo dulce y lo salado, el chocolate y el chile, se conjugaron en el tradicional mole que ha llegado hasta nuestros días y que sigue deleitando nuestros paladares.

Por otra parte, si en la Universidad, se cultivaron la teología, el derecho y las ciencias, principalmente astronomía y matemáticas, en los conventos, los laboratorios por excelencia, se experimentaron igual la física y la gastronomía. De hecho, la monja jerónima, Juana de Asbaje (1648-1695), mejor conocida como Sor Juana Inés de la Cruz, escribió el *Primero sueño,* poema filosófico que bebe, como toda su obra, del neoplatonismo, al mismo tiempo que hacía girar un trompo sobre la mesa enharinada de la cocina para estudiar el comportamiento de la elipse. Cabe señalar que el neoplatonismo es una doctrina filosófica escolástica que estudia el mundo, al hombre y su relación con Dios, yendo de lo general a lo particular. Por ejemplo, "la Bondad" es un concepto absoluto que se muestra en el mundo como "lo bueno". Así, Sor Juana se valió de esta escuela idealista para acercarse y enamorarse apasionadamente de la tan ansiada Sabiduría.

Es importante destacar que tan impresionante personaje es una excepción en los acordes novohispanos, pues aunque se sabe muy poco de su infancia, al parecer, a los tres años ya sabía leer y escribir. Su abuelo, hombre culto y amante de los libros, suplió la figura del padre ausente, el caballero vizcaíno, Manuel de Asbaje y Vargas Machuca, a quien ella apenas conoció. Juana fue un ser solitario e introvertido, que usó el estudio como un escudo contra el mundo y contra ella misma. En 20 lecciones aprendió latín y, gracias a unos parientes, a los 16 años logró tener acceso al palacio virreinal, al

Sor Juana Inés de la Cruz, la afortunada excepción del concierto novohispano en un tiempo que no permitía el desarrollo intelectual de las mujeres.

servicio de la virreina Leonor Carreta, marquesa de Mancera, "como muy querida de la virreina".

A los 20 años, a pesar de que no le faltaron pretendientes, decidió entrar al convento, convencida por su confesor, guía y juez, el jesuita Antonio Núñez de Miranda. En la opinión de muchos, lo hizo para refugiarse en el único lugar que podía albergar su soledad y saciar sus inquietudes intelectuales; para otros, buscaba la comunión entre devoción e intelecto para convertirse en una sierva de la fe católica. Lo que es seguro, es que su celda fue escenario de su brillante trabajo, como sala de música, biblioteca e incluso taller. Puesto que fue protegida de la virreina, logró vivir independientemente en el convento, lo que le trajo múltiples intrigas y constantes envidias. Incluso el arzobispo de México, Francisco Aguilar y Ceijas, hombre austero, represivo y misógino, se esforzó por entorpecer su desarrollo intelectual.

En 1690, bajo el seudónimo de "Sor Filotea", apareció publicada una crítica de Sor Juana al padre confesor de Cristina de Suecia, que más tarde fue atacada enérgicamente por el obispo de Puebla. Por órdenes del obispo, su confesor le retiró el apoyo y la ruptura fue cruel; pero la sumisión de Sor Juana logró la reconciliación al entregarle sus instrumentos musicales y sus libros para que se repartieran entre los pobres.

En 1691, una nueva inundación afectó a la ciudad de México y, tras un eclipse de sol, como presagio cayó una plaga en las cosechas, además de que se propagó una epidemia que afectó al convento de San Jerónimo. El 5 de marzo de 1695 firmó con sangre su confesión, donde reconoció que tres figuras de la mitología y la historia sagrada se convirtieron en los arquetipos de su vida: Ísis, Santa Catalina de Alejandría y Faetón, hijo de Apolo y la ninfa Climene. El 17 de abril de ese mismo año, a los 46 años, el lucero más grande de la cultura barroca dejó de brillar en el firmamento. Hoy la gloria de sus versos alumbra y perpetúa la plenitud de su ser.

Obviamente hubo muchas otras figuras literarias. Las más distinguidas fueron Bernardo de Balbuena (1562?-1627), autor de *El siglo de oro* y *Grandeza mexicana*, y el magnífico dramaturgo Juan

Ruiz de Alarcón (1580?-1639), quien escribió, entre muchas otras obras, *La verdad sospechosa* y *Las paredes oyen*. En el cultivo de la historia aparecen dos vertientes principales: por un lado, los que exaltaban a las culturas prehispánicas, y por el otro, los que cultivaron los sucesos de la conquista espiritual. No podemos dejar de mencionar a Fernando de Alva Ixtlixóchitl (1578?-1650), autor de los distintos tratados de la historia de Texcoco e importante recolector de la cosmología indígena. Fray Juan de Torquemada escribió su famosa *Monarquía Indiana*, que trata sobre el pasado prehispánico y la evangelización. Por supuesto, también está Carlos Sigüenza y Góngora (1645-1700), investigador, literato, científico, cartógrafo, matemático, astrónomo e historiador.

En la pintura, el barroco exuberante no pudo haber aparecido sin las generaciones que lo preceden; así, en la primera mitad del siglo XVII, el esplendor manierista continuó con una de las familias más importantes del arte novohispano: los Echave. Baltasar Echave Orio, el fundador de la dinastía, quizá fue alumno del mismo Andrés de Concha. Hacia 1590 pintó el retablo de la Catedral de Puebla y después los de Xochimilco y Tlatelolco. Entre sus obras más importantes se encuentra una *Adoración de los Reyes*, que lo consolidó como uno de los mejores coloristas de la pintura virreinal.

Dentro de esta segunda generación de pintores también se encuentran Juan de Arrúe (primer pintor mestizo), Alonso Vázquez y Luis Lagarto, genial iluminista que empleó una de las técnicas pictóricas más antiguas, la "miniatura", nombre que no responde a su tamaño, sino a su modo de elaboración: sobre papiro, cuero o pergamino se traza la figura deseada y se rellena con una solución metálica aglutinante llamada "minio"; seca ésta, se aplica el color y finalmente se coloca delicadamente la hoja de oro, con plantillas especiales. Esta magnífica técnica comenzó a declinar con la aparición de las imprentas, pues es un proceso muy caro y elitista, que pocos artistas de Nueva España dominaron. Extraordinarios ejemplos de la obra de Luis Lagarto son: una *Anunciación*, una *Virgen del Rosario* y varias letras capitulares que decoran los libros de coro.

La tercera generación de pintores novohispanos estuvo constituida por Baltazar Echave Ibía (conocido como "el de los azules"

De la pluma de Juan Ruiz de Alarcón salieron maravillosos destellos de genial literatura que siguen cautivando a los más exigentes lectores.

para diferenciarlo de su padre), Alonso López de Herrera, quien realizó una magnífica *Resurrección* y, por supuesto, Luis Juárez, fundador de una nueva e importantísima dinastía de pintores que dio los mejores artistas, incluso en el México Independiente.

El peninsular Sebastián López de Arteaga logró la transición al barroco, pues revolucionó la pintura al imprimirle naturalidad, realismo e intensos contrastes lumínicos. Una de sus más geniales obras es *La incredulidad de Santo Tomás*. López de Arteaga contagió sus novedades artísticas a José Juárez, creador de uno de los cuadros virreinales más imponentes, *El martirio de Justo y Pastor*. Asimismo, Pedro Ramírez y Baltazar Echave Rioja (el mozo) introdujeron un lenguaje que fue consolidado por la siguiente generación.

La transición del siglo XVII al XVIII estuvo cargada del esplendor barroco de Cristóbal de Villalpando, miembro de otra importante familia de artistas, y uno de los más importantes pintores virreinales. Muestra de su indiscutible talento son la *Transfigura-*

ción, que está en la catedral de Puebla y la *Iglesia triunfante y militante*, de la Sacristía Mayor de la Catedral de México. Compite en importancia el mulato Juan Correa, prolífico pintor entre cuya obra destaca la *Asunción de María*, quizá su pintura más impactante, que también está sobre las paredes de la Sacristía Mayor de la Catedral Metropolitana. A Correa se le autorizó calcar en papel aceitado la imagen del ayate de la Virgen de Guadalupe, para evitar que ésta se reprodujera erróneamente. Finalmente, dos miembros de la dinastía de los Juárez, los hermanos Nicolás y Juan Rodríguez Juárez, cerraron con esplendor el barroco. De hecho, Juan se convirtió, a la muerte de Villalpando en el mejor pintor y fue él quien realizara el primer autorretrato del virreinato.

En cuanto a la música, en la opinión de la investigadora Cecilia Cortina Campero, "las complicadas notas del siglo XVII se pueden considerar como una transición entre la polifonía y el barroco". Entre los más destacados compositores se encuentra Gaspar Fernández, maestro de capilla de la Catedral de Puebla, que evidenció la influencia de las culturas africanas en la música novohispana, a través de sus famosos "negritos" (escritos en la manera en que los esclavos africanos hablaban el español). Asimismo, Juan Mathias, de origen zapoteco, llegó a ser maestro de capilla de la Catedral de Oaxaca y que es el más importante compositor indígena nacido en Nueva España. Antonio de Salazar de origen español, creó una importante tradición musical y su obra, se considera una de las más notables de la América española.

El siglo XVII logró iniciar la diferenciación de Nueva España para con la Madre Patria. Lejos estamos todavía de los primeros intentos independentistas; pero definitivamente uno de los logros más afortunados de este siglo es la capacidad de reconocerse como un ente distinto, repleto de transiciones cargadas de espíritu y magia novohispana. Con esta fuerza entramos al siglo de las reformas que cambiaron radicalmente el destino de un pueblo que se sabía diferente.

3

LA MADUREZ Y EL CAMBIO DE RUTA: EL SIGLO XVIII

Nuevos senderos en el mismo carruaje: las reformas borbónicas

Durante el siglo XVIII, el devenir histórico de Nueva España sufrió profundas transformaciones derivadas del cambio dinástico español. Carlos II, quien por su pésimo gobierno se ganó el mote de "el hechizado", no tuvo hijos, es decir, era el último representante de la familia real española, los Habsburgo. Había nombrado como heredero universal a su sobrino de cinco años, el príncipe elector de Baviera, José Fernando, pero el escuálido niño falleció en 1699.

Hacia finales del siglo XVII, el destino de las potencias europeas también dependía de la sucesión al trono de España, y Luis XIV de Francia y José I, emperador de Austria, comenzaron a disputarse la posibilidad de imponer en el trono español a un heredero de sus familias. El pretendiente de Francia era Felipe de Anjou, nieto del rey Luis XIV y de María Teresa, hermana de Carlos II. En tanto, Austria deseaba como rey a Carlos, hijo del emperador Leopoldo y de Margarita Teresa, también hermana de Carlos II.

El rey francés logró introducir en la corte española aliados que influyeran en la opinión de Carlos II y así, el 3 de octubre de 1700, el monarca dictó su testamento y declinó a favor de Felipe de Anjou quien, a la muerte de Carlos II, rápidamente fue proclamado rey, el 8 de mayo de 1701, con el nombre de Felipe V. Con esta coronación comenzó el reinado de la dinastía Borbón en España y con ella, la primera guerra española del siglo XVIII.

Austria no se resignó a dejar la corona española y, con el pretexto de conservar un "equilibrio europeo" entre las potencias, se inició la querella. Austria, los Países Bajos, Inglaterra, Portugal y Saboya firmaron el pacto de La Haya en 1701 y se constituyeron en la "Gran Alianza" para que ninguna nación poseyera más zonas de influencia que las otras. Sin embargo, la situación se tensó ante la ocupación francesa de los Países Bajos y la prepotencia que había mostrado desde antes Luis XIV. Las hostilidades se manifestaron de inmediato, sobre todo en las posesiones españolas de Nápoles, donde Felipe V logró importantes victorias en abril de 1702. Mientras tanto, una escuadra angloholandesa asaltó varios puertos de España, lo que obligó al monarca español a iniciar una nueva campaña en contra de Portugal.

Hacia finales de 1705, el archiduque austriaco, Carlos, logró triunfos importantes en el territorio español cuando Cataluña, Aragón y Navarra se adhirieron a la causa austriaca, pues pretendían conservar sus fueros; en ese momento, la contienda tomó tintes de guerra civil. El partido austriaco logró tomar Madrid y proclamar rey al archiduque, con el nombre de Carlos III, y aunque Felipe V trató de expulsarlo de la capital, la ocupó dos veces más. Entre 1707 y 1710 se sucedieron varias batallas, sin resultados decisivos para ningún partido.

Mientras la lucha continuaba, murió el emperador de Austria y su heredero fue precisamente su hermano, el archiduque Carlos. En ese momento, Inglaterra retiró su apoyo al nuevo emperador, pues su interés era debilitar a la casa borbona, no engrandecer a la austriaca. Inglaterra y Francia firmaron la paz con el tratado de Utrecht. Sin el apoyo inglés, el partido austriaco estaba perdido y España tuvo que ceder Gibraltar y Menorca a los ingleses, y Sicilia al duque de Saboya. Asimismo, se permitió a los ingleses que introdujeran libremente esclavos por diversos puertos americanos. No obstante, lo más significativo fue que Felipe V se vio obligado a jurar que ningún rey español lo sería a la vez de Francia.

La paz con Austria se firmó tiempo después, con el tratado de Baden y, aunque Felipe V no participó en las negociaciones, su abuelo Luis XIV lo obligó a ceder los reinos italianos de Milán y Nápoles, los presidios de la Toscana y las posesiones en los Países Bajos. El imperio español se desmembró y la poco firme unidad española, se vio fuertemente amenazada con la prolongación de la guerra civil.

La conflictiva sucesión española tuvo hondas repercusiones en los territorios de ultramar. El efecto inmediato fue que la metrópoli exigió cantidades de dinero cada vez mayores para sufragar los gastos de guerra del partido de Felipe pero, además, quedaron expuestos al contrabando inglés. Por otra parte, la orientación política que introdujeron los borbones dio como resultado la irritación de los grupos de poder en América.

A principios del siglo XVIII, Nueva España vivía una estabilidad económica, política e incluso social, aunque las jurisdicciones civiles y eclesiásticas no estaban muy bien definidas. Comprendía un enorme territorio con zonas diferenciadas que los españoles poseían irregularmente. Hacia 1701 existían los siguientes gobiernos y capitanías generales:

- Nueva España (capital México), con un territorio de aproximadamente 500 mil km^2, abarcaba las regiones centro y sur (a excepción de Chiapas), parte del Golfo (Veracruz) y una sección del occidente. Su jefe era el virrey, a quien se le daba como segundo título el de gobernador y capitán general de esta provincia.
- Nueva Galicia (capital, Guadalajara). Su territorio superaba los 200 mil km^2. Comprendía, aproximadamente, los actuales estados de Jalisco, Colima y Zacatecas, parte de Durango, Coahuila y San Luis Potosí. Su jefe civil era un gobernador y capitán general designado por el virrey.
- Nueva Vizcaya (capital, Durango), por su constante expansión, sobrepasaba los 300 mil km^2. Abarcaba, por el este, desde Saltillo, y al oeste Sonora y Sinaloa (que para 1734 se separaron); limitaba al sur con Nueva Galicia y al norte con Nuevo México. Su gobernador y capitán general era nombrado por el rey, con cierta aprobación del virrey.
- Nuevo León (capital, Monterrey). Territorio poco poblado que abarcaba 50 mil km^2. Se ubicaba, más o menos en el estado que actualmente lleva su nombre. Su gobernador y capitán general era nombrado por el virrey.
- Nueva Extremadura (capital, Monclova). Su territorio era de alrededor de 35 mil km^2, contenía unas cuantas misiones y presidios, y una villa que fungía como capital. Su jefe político era un gobernador y teniente de capitán general.

- Texas o Nuevas Filipinas (capital, San Antonio Béjar). Aunque se componía de menos de una decena de presidios y misiones, España reivindicaba toda la zona hasta el río Rojo, frontera con posesiones francesas. Su jefe era un gobernador y teniente de capitán general.
- Nuevo México (capital, Santa Fe). Con más de 250 mil km^2, se constituía como el enclave español que se hallaba más al norte. Su jefe era un gobernador y teniente de capitán general.
- Yucatán (capital, Mérida). Incluía la provincia menor de Tabasco y su superficie era de 170 mil km^2. Su jefe era un gobernador y capitán general.

Asimismo, Nueva España continuaba con jurisdicción sobre los gobiernos y capitanías generales de la Isla Española, Cuba, Puerto Rico, Florida, Guatemala, Honduras, Nicaragua, Costa Rica y Filipinas, aunque nunca se dio una dependencia total.

Durante el siglo XVIII continuaron las audiencias de México y Guadalajara. La primera comprendía los gobiernos de Nueva España, Nuevo México, Coahuila, Texas y, para ciertas funciones, Yucatán. La audiencia de Guadalajara abarcaba Nueva Galicia, la Nueva Vizcaya, Sinaloa, California y Nayarit. Chiapas dependía de la audiencia de Guatemala.

Una de las características más destacadas de la política de Felipe V (y sus descendientes hasta 1808), fue el afrancesamiento. A principios del siglo XVIII el progreso francés era tan patente como la decadencia española, y mientras que Francia confrontaba definitivamente a aristócratas y burgueses, España parecía consolidar a la burguesía. Entonces se adoptó el avance económico, político y social de su vecino como el modelo más viable para una España agraria y desunida; es decir, se trató de modernizar al arcaizante sistema español a través de embajadores enviados por Luis XIV.

Con Felipe V se inició un largo proceso que desembocó en el despotismo ilustrado. Los Borbones recogieron los antecedentes absolutistas de los Austrias y les imprimieron una modernidad más intensa que se reflejó en el ataque a las Cortes (los representantes de los distintos poderes); también, se intentó reducir a todas las regiones de España a una legislación común, centralizar la administración y afianzar el poder civil sobre el eclesiástico. Ya durante el gobierno de los Habsburgo, las Cortes habían sido debilitadas, pero con los Borbones perdieron toda importancia política.

Los cambios en la Madre Patria no tardaron en repercutir seriamente en Nueva España; de hecho, el último virrey nombrado por un Austria, José de Sarmiento de Valladares, conde de Moctezuma, fue removido por Felipe V, seguramente para evitar problemas en sus territorios recién adquiridos. Interinamente se nombró al arzobispo Juan de Ortega y Montañés, cuyo gobierno duró un año y lo único que hizo fue tratar de recaudar la mayor cantidad posible de recursos para los gastos de las guerras españolas.

El primer virrey nombrado por un Borbón fue Francisco Fernández de la Cueva, duque de Alburquerque. Su gobierno (1702-1711) duró casi toda la guerra de sucesión. La mayor parte de las recaudaciones de este periodo se destinaron a la protección de las fronteras, ante un posible ataque de las potencias enemigas de España. Adicionalmente, una de las primeras medidas que tomó fue la aplicación de una disposición real que exigía al clero la décima parte de sus ingresos, lo que propició el primer enfrentamiento Borbón con la Iglesia.

El sucesor de Alburquerque fue Fernando de Alencastre, duque de Linares. Puesto que le tocó vivir la paz de Utrecht, por ende, también fue testigo de la apertura del puerto de Veracruz a los ingleses para la trata de africanos y, como era de temerse, la introducción masiva de contrabando. Durante su gobierno se vigiló la frontera norte: en 1715 se estableció en Nuevo León el presidio de Linares y, ante el peligro de una penetración francesa desde Nueva Orleans a Texas, se encomendó a los franciscanos la evangelización de dicha provincia, para lo cual se necesitó la ayuda de tropas.

Hacia 1717, el virrey Baltazar de Zúñiga y Guzmán, marqués de Valero, organizó una expedición para expulsar a los ingleses de la península de Yucatán y aunque volvieron dos años más tarde, fueron definitivamente repelidos en Campeche. En cambio, los ingleses de Belice no pudieron ser desalojados, pues tuvieron refuerzos de Jamaica.

El virrey Francisco Fernández de la Cueva, duque de Alburquerque, tuvo un enfrentamiento con la Iglesia entre 1653 y 1660.

La guerra entre España y Francia, declarada en enero de 1719, tuvo repercusiones en el virreinato. Los franceses de la Luisiana lograron tomar la pequeña plaza de Panzacola, en Florida, y la misión de San Miguel de los Adais, en Texas. La paz de 1720 propició que se mandaran tropas para restablecer las fronteras y, un año más tarde, el capitán general de Nuevo León organizó una expedición con familias de voluntarios, presos, soldados y misioneros, con el fin de repoblar Texas.

El virreinato tenía cada vez más problemas de criminalidad, provocados por el fuerte contrabando, la escasa probabilidad de ascender en la sociedad y los problemas de abastecimiento que llegaron a límites preocupantes al comenzar el siglo XVIII. Como la Sala del Crimen de las Audiencias impartía la justicia con gran lentitud y la institución policíaca de la Santa Hermandad estaba supeditada a ella, el virrey decidió crear un nuevo cuerpo de justicia independiente, por lo que en noviembre 1719 empezó a funcionar el Real Tribunal de la Acordada, que contribuyó a disminuir la alarmante delincuencia.

También durante el gobierno de Valero se logró la conquista de Nayarit, que se había conservado independiente del gobierno español debido a las resistencias de grupos indígenas. En 1722, las fuerzas hispanas penetraron en la zona para dominarla e incorporarla con el nombre de Nuevo Toledo. Cabe mencionar que ese mismo año Juan Ignacio de Castorena y Ursúa (posteriormente obispo de Yucatán) publicó seis números del que fuera el primer periódico de Nueva España: la *Gaceta de México.*

El siguiente virrey, Juan de Acuña, marqués de Casafuerte, tomó posesión en 1722. Ocupó su cargo por 12 años y durante su gobierno se comenzaron a hacer evidentes las manifestaciones del cambio: la transformación estructural de la sociedad y los intentos de reformas profundas en el ámbito político.

En 1724, Felipe V abdicó inexplicablemente a favor de Luis, hijo de su primer matrimonio con María Luisa de Saboya, pero tuvo que volver al trono, pues Luis falleció meses más tarde; sin embargo, su segunda esposa, Isabel de Farnesio, lo dominó al punto de que él casi no tomaba parte en los asuntos de Estado.

En ese mismo año llegó al virreinato la noticia de la abdicación del monarca y el ascenso de Luis I, lo cual provocó controversia entre los grupos de poder, pero aceptaron jurar al nuevo rey; sin embargo, poco tiempo después volvieron a jurar a Felipe V. Mientras tanto, Casafuerte promovió una reforma a la casa de moneda de Nueva España, la cual existía desde 1535. Inició la construcción de nuevas oficinas y, para vigilar el cumplimiento de las nuevas ordenanzas, se instituyó un tribunal encargado de la administración. Felipe V nombró al virrey como superintendente de la casa de moneda, y más adelante el cargo se amplió a superintendente de la real hacienda. Con tales medidas, se logró una mayor centralización del poder que posteriormente se contrapuso con el sistema de intendencias.

En 1734 se terminó la construcción de los nuevos edificios de la casa de moneda y con ellos se incrementó de una manera asombrosa la acuñación. Según los cálculos del viajero e investigador Alexander von Humboldt, hacia 1701 se acuñaron cuatro millones de pesos, y para 1734, diez millones. Las razones de tal aumento se encuentran en las reformas técnicas de la institución y al descubrimiento de nuevas vetas en las fructíferas minas novohispanas.

Sin embargo, el incremento monetario no fue en pleno beneficio de Nueva España, pues gran parte del dinero se dirigía a España por concepto de impuestos, tributos o préstamos forzosos. Otra parte se iba tanto a España como a Filipinas, por concepto de compras de artículos de primera necesidad o suntuosos. Además, en 1735 se le impuso a la casa de moneda de México el pago de los llamados "situados", cuotas en moneda acuñada para la ayuda de gobiernos que no eran autosuficientes como Cuba, Puerto Rico, Santo Domingo, Florida, Venezuela y Filipinas.

A la muerte de Felipe V, en 1746, subió al trono Fernando VI "el justo", quien dio un cambio radical a la política española y, por ende, a la novohispana. Decidió abandonar las guerras europeas para centrarse en la reconstrucción y modernización del estado bajo el modelo francés. Una de sus primeras medidas fue el establecimiento de la frontera con Portugal. Asimismo, firmó un nuevo pacto con el papado, a través del cual el rey de España podía nombrar personas para todos los cargos y beneficios eclesiásticos, con excepción de 52 que se reservaba el Papa. Con estas medidas, concluyó la larga lucha del estado español para extender los beneficios del real Patronato.

Fernando VI logró establecer el sistema ministerial en el gobierno, con un equilibrio de fuerzas entre los simpatizantes de Francia y los partidarios de la alianza con Gran Bretaña. Por otra parte, con el fin de lograr un régimen público para todo el territorio, se adoptó el sistema de intendencias; aunque su establecimiento presentó problemas, su eficacia hizo pensar al rey y sus ministros en extenderlas a las posesiones americanas.

A pesar de estas transformaciones radicales, los más ambiciosos proyectos del despotismo ilustrado realmente se echaron a andar bajo el reinado de Carlos III (1759-1788) quien de hecho pasó a la historia como "el político". En este periodo, España volvió a participar en las guerras europeas por sus compromisos familiares para con Francia. De hecho, su participación en la guerra de los Siete Años (entre Francia e Inglaterra) le costó que flotas inglesas ocuparan La Habana en 1762. Poco después, también ocuparon Manila, pero la Paz de París, de 1763, les permitió conservar ambas posesiones a cambio de la pérdida de la Florida, la bahía de Panzacola y los territorios al sureste del río Misisipi. Para resarcir las pérdidas, Francia donó a España los territorios de la Luisiana.

La toma de La Habana y Manila mostró que los dominios ultramarinos estaban desprotegidos, por lo que una de las siguientes acciones dentro del programa de Carlos III fue justamente defender las fronteras. Para América, el periodo reformista se dio entre 1766 y 1788, tiempo durante el cual se trató de reducir aún más el poder de la Iglesia y, de hecho, se prohibió la publicación de cualquier documento pontificio sin la autorización del rey, además de que se limitó la inmunidad personal de los clérigos. A los burgueses también se les frenó, pues se vieron obligados a dividir sus propiedades y dejar a un lado el sistema de mayorazgo que favorecía la creación de latifundios e impedía el crecimiento económico.

Todas estas reformas causaron irritación, tanto en los grupos de poder, como entre el pueblo, pues al mismo tiempo se incrementaron considerablemente los impuestos. Además, la fiebre reformista no sólo se preocupó de la política y la economía, sino que también se llegaron a publicar bandos casi ridículos, como uno de 1766 aproximadamente, que prohibía el uso de capa larga y sombrero de ala, para cambiar la moda española por la francesa. Obviamente, estas transformaciones alteraron de manera determinante la vida de la sociedad; no todas fueron bien recibidas y se organizaron motines por muchas de ellas.

A partir de los años 40 del siglo XVIII la penetración de la ideología ilustrada llegó a los estratos altos y medios de la sociedad novohispana, lo cual se hace evidente cuando estudiamos los juicios inquisitoriales que se siguieron en esa época contra lectores y poseedores de libros catalogados como "prohibidos". Entre ellos estaban precisamente los de autores ilustrados franceses e ingleses que principalmente estaban en manos de criollos: comerciantes, funcionarios públicos, hacendados, médicos, libreros y hasta eclesiásticos.

Las ideas ilustradas no se desarrollaron exactamente de la misma manera en Nueva España y la Madre Patria, pues ambas mantuvieron intactos los principios sobre la racionalidad del mundo material y social, la fe de la razón humana y sus logros científicos, así como el uso del conocimiento para el mejoramiento del ser social e individual. Sin embargo, España pretendió su empleo para tener un mayor control y explotación sobre sus reinos americanos, mientras que Nueva España vio en ellos la oportunidad de crecimiento individual y social.

Es interesante destacar que el cambio de mentalidad de la sociedad novohispana coincidió con una importante recuperación de la población. Para 1742 habitaban el virreinato aproximadamente medio millón de españoles y dos millones de indígenas, mientras que los africanos, mulatos y mestizos, sumaban más de 800 mil. Esta notoria recuperación demográfica fue constante a lo largo del siglo, inclusive a pesar de las hambrunas y epidemias, como la terrible peste conocida como maltazáhuatl, que cobró unas 200 mil víctimas. Había iniciado en un obraje de Tacubaya a finales de agosto de 1736 y no se erradicó definitivamente hasta 1739.

Una de las primeras repercusiones del aumento de la población fue precisamente el fortalecimiento del trabajo libre asalariado, pues las haciendas agrícolas y mineras emplearon una gran cantidad de mano de obra. Sin embargo, los novohispanos habían adquirido una conciencia de ser explotados, lo que se reflejó en las distintas sublevaciones del siglo XVIII. Destacan la rebelión de los indios de Baja California, la de los esclavos africanos de las haciendas de Córdoba y, posteriormente, la de los indios pimas y pápagos en el norte.

Las reformas borbónicas también dirigieron sus esfuerzos a reorganizar el ejército y fortalecer las fronteras, aunque era un arma de doble filo para España, pues en realidad estaban armando a sus vasallos. Se había descuidado mucho el norte del golfo de México, pues desde Veracruz no había ningún puerto importante hasta la Luisiana y Panzacola. Por ello, se decidió reforzar la colonización del territorio autónomo del Nuevo Santander (hoy Tamaulipas). Sin embargo, tal ocupación no fue posible sino hasta bien entrada la década de los 40, ya bajo el gobierno de Pedro Cebrián y Agustín, conde de Fuenclara, cuando un grupo de franciscanos, encabezados por fray Junípero Serra, logró la incorporación al dominio español de la Sierra Gorda. Este extenso territorio en la Huasteca hidalguense era habitado y controlado por indios pames y, cuando perdieron el dominio, quedó abierto el camino hacia la región tamaulipeca. Cabe señalar que Serra también tuvo una intensa labor misionera en la Alta California que le llevó a fundar San Diego (1769), San Carlos de Monterrey (1770), San Francisco (1776) y San Gabriel (hoy Los Ángeles), entre otras.

También, durante el régimen de Fuenclara, arribó sin permiso al territorio novohispano el viajero e investigador italiano Lorenzo de Boturini, quien en poco tiempo logró recavar una de las más importantes colecciones de documentos de gran interés para la reconstrucción del pasado prehispánico. Un dato curioso es que Boturini se dio a la tarea de recoger donaciones para la coronación de la Virgen de Guadalupe, quien para este tiempo ya gozaba de gran importancia.

En julio de 1765, Nueva España fue visitada por José de Gálvez, quien tenía ordenes de Carlos III de sanear las finanzas públicas y el aparato administrativo, así como de obtener mayores recursos para la hacienda, hacer crecer la burocracia, disminuir el contrabando y valorar la posibilidad de crear un sistema de intendencias como el de España. En resumen, debía centralizar el poder novohispano y poner en práctica las reformas borbónicas.

El cambio de carruaje y los briosos caballos: la conciencia criolla

Una de las primeras repercusiones de esta transformación novohispana fue que los criollos fueron desplazados de los puestos públicos importantes a los que tanto trabajo les había costado llegar. Se colocó en su lugar a peninsulares, frecuentemente no tan aptos para los cargos, pero que gozaron de los beneficios de la nueva administración.

Poco a poco, las tensiones sociales fueron creciendo, y las brechas entre los distintos grupos de la sociedad se ahondaron. Quizá el mejor ejemplo de esto sea el motín obrero en las minas de Real del Monte. Ante las acciones de Pedro Romero de Terreros, primer conde de Regla, uno de los empresarios más ricos del centro, se suscitó una huelga en julio de 1766. El motivo fue la considerable disminución de salarios, así como la reducción del "partido", que era la participación en el mineral extraído con exceso a la cuota.

Como las demandas no fueron resueltas, los trabajadores decidieron acudir con el entonces virrey, el marqués Cruillas, quien decretó que se aumentase un poco el "partido". Sin embargo el conflicto no cesó, pues el 17 de agosto comenzó un motín en el que se dio muerte al alcalde mayor, se liberó a los presos y se apedrearon la casa de Romero y la de su administrador. Al día siguiente, Cruillas nombró al prestigiado abogado criollo, Francisco Xavier Gamboa Gamboa, quien publicó un indulto y reglamentó el trabajo en contra de los intereses del mismo Romero. Éste por su parte, optó por abandonar sus minas algunos años, con lo cual se agravó la situación de por sí crítica de la minería. Cabe mencionar que más adelante se tomaron severas medidas en contra de los cabecillas del motín.

Un nuevo virrey apareció en la escena, Carlos Francisco de la Croix, marqués de la Croix, militar francés al servicio del rey de España, quien asumió el cargo el 24 de agosto de 1766. Durante su mando, la tensión entre la Iglesia y el Estado fue creciendo. Aunque el gobierno novohispano no evitó el arraigo del culto guadalupano, la política en contra de las órdenes mendicantes se hizo cada vez más marcada. Al principio de la colonización americana, la corona y el Papa se habían apoyado en ellas, ante la escasez de clérigos seculares, pero ahora les estorbaban: poseían una gran cantidad de curatos o doctrinas a lo largo del territorio y, al estar sujetos exclusivamente de sus superiores, no tenían que obedecer al rey. El Estado tenía interés en la secularización, porque los frailes no eran dóciles y, en cambio, el clero regular era nacional y estaba inclinado a la obediencia real. Por otra parte, el clero regular quería gozar de las riquezas de las órdenes.

En 1757, tras varios intentos, se firmó una cédula definitiva para que los curatos americanos fueran secularizados. Si bien Manuel Rubio y Salinas fue el arzobispo de México que comenzó esta acción, quien la concluyó y llevó a cabo fue su sucesor, Francisco Antonio Lorenzana.

Sin embargo, tal vez el momento más álgido en la relación Iglesia-Estado fue la expulsión de los jesuitas debido a que la Compañía de Jesús se había convertido en la orden más poderosa de la Iglesia católica, pues desempeñó un papel decisivo al servicio de la Contrarreforma. Constituyeron una elite combativa, capaz de influir en las diversas clases sociales y en los ambientes más variados, sobre todo en los más elevados.

La hostilidad que la Compañía suscitaba (por su gran poder económico y su indiscutible influencia educativa tanto en Europa como en América) se exacerbó en el «Siglo de las luces», por lo cual se decidió su expulsión de España y sus posesiones de ultramar, medida extrema que ya se había llevado a cabo en otros países del Viejo Continente. En Portugal, por ejemplo, la expulsión se dio hacia 1759, y en Francia para 1764. El decreto fue promulgado el 27 de febrero de 1767, y fue recibido en México el 30 de mayo.

El virrey, junto con Gálvez, planeó la ejecución para el 25 de junio. Obviamente, por las dimensiones territoriales, no podía hacerse válido para toda el área, sin embargo se actuó con notable eficacia. El mismo día 25 se emitió un bando para comunicar el hecho. Ésta fue una de las medidas más despóticas por las que la historia recuerda al marqués de Croix, debido a que se prohibió que cualquier novohispano hablara o escribiera del asunto. Es interesante conocer parte del bando, que dice: "pues de una vez y para lo venidero deben saber los súbditos del gran monarca que ocupa el trono de España que nacieran para callar y obedecer, y no para discurrir ni opinar en los altos asuntos del soberano".

En los meses siguientes, los jesuitas fueron enviados a Italia, no sin el sufrimiento de dejar atrás la tierra amada. Vínculos más allá de la vocación religiosa se estaban disolviendo y los que se quedaron sin ellos, dolidamente los recordaban. Entre los que sufrieron esa suerte había distinguidos criollos, como Francisco Xavier

Clavijero, Francisco Xavier Alegre, Andrés Clavo y Rafael Landívar entre muchos otros, que habían contribuido a sembrar la semilla de la conciencia en el ser novohispano.

Cabe señalar que en España el destino de los jesuitas no mejoró. Tampoco en las posesiones españolas europeas, pues la expulsión se dio igualmente en Nápoles (1767) y en Parma (1768). Poco después, el conde de Floridablanca gestionó ante el Papa Clemente XIV, a nombre de Carlos III, la disolución de la Compañía de Jesús, la cual se llevó a cabo el 21 de julio de 1773.

La violencia de las reformas borbónicas provocó fuertes irritaciones en los territorios católicos. Los lazos creados entre los jesuitas y la comunidad eran muy estrechos y la relación era básicamente de ayuda para la sociedad. Sin ésta, obviamente las condiciones empeoraron. En algunas misiones cercanas a San Luis Potosí, la misma población trató de retener a los miembros de la Compañía; sin embargo, Gálvez, con un grupo de 700 soldados, reprimió violentamente a San Luis de la Paz el 18 de julio de 1767, y dictó sentencias en contra de los responsables. El saldo final fue de tres indios ahorcados y otro más arcabuceado. Los cuatro cadáveres recibieron la pena máxima, fueron decapitados y sus cabezas exhibidas públicamente; otros, fueron enviados a prisión, y unos más expulsados.

En San Luis Potosí, el saldo fue mayor: 57 ahorcados y un gobernador o alcalde indio estrangulado y descuartizado. Entre los muertos había tres criollos y ocho alcaldes indios. Gálvez marchó hacia Guanajuato donde, a pesar de haberse sofocado la revuelta, tras sus investigaciones ahorcó a nueve rebeldes. Después, en Valladolid, mandó ahorcar a nueve más, y finalmente en Pátzcuaro ajustició a dos indígenas.

Para que sirviera de escarmiento a la población, se adoptaron medidas de extrema crueldad, como derribar casas y sembrar la tierra con sal. A los indios se les prohibió portar cualquier tipo de arma, montar a caballo o usar prendas destinadas exclusivamente a los españoles. A pesar de que el golpe fue muy duro, como suele suceder, sólo fortaleció el sentimiento de rebeldía e hizo que muerte tras muerte creciera el rencor hacia los peninsulares.

El conflicto minero de Real del Monte fue solucionado por el virrey Antonio María de Bucareli 1771-1779.

Gálvez conocía perfectamente los problemas de la centralización en un territorio tan vasto, por ello llevó a cabo un proyecto que pretendía controlar y administrar el norte de México, constantemente amenazado por ingleses, angloamericanos e incluso rusos que empezaban a ocupar las costas del Pacífico. Fue firmado el 23 de enero de 1768.

Todas estas reformas fueron aprobadas por el rey, a pesar del propio Consejo de Indias. Con gran habilidad y el apoyo de sus amistades, José de Gálvez logró reunir en sí mismo la dirección del Ministerio de Indias y la presidencia del Consejo de Indias, y fue así como se convirtió en la persona con más poder en los asuntos americanos después del rey.

Mientras tanto, en América, el virrey Antonio María de Bucareli sucedió a Croix, en septiembre de 1771. Había sido gobernador y capitán general de Cuba y además gozaba de gran influencia en la corte. Para Gálvez representaba un gran obstáculo, pues el nuevo virrey era un tipo tranquilo y reticente a los cambios.

En tiempos de Bucareli, se llevó a cabo el IV Concilio Provincial Mexicano, de enero a noviembre de 1771. Aunque las reformas a la Iglesia nunca fueron aprobadas por el Papa, el arzobispo Lorenzana logró secularizar todos los curatos. Los franciscanos apelaron la decisión, pero ésta se cumplió cabalmente. Así, la Ciudad de México quedó dividida en 13 territorios parroquiales, sin separación de clases o grupos sociales.

Bucareli retomó el conflicto de Real del Monte y, una vez revisado el caso, se determinó que la causa del motín había sido la explotación de los operarios, por lo cual decidió crear nuevas ordenanzas para reformar la actividad minera. De hecho, para 1774 se propuso la creación de un gremio de mineros, así como la fundación de un tribunal especial que atendiera sus necesidades, el establecimiento de un banco de avíos y la aparición de un colegio especializado en la minería. Las nuevas disposiciones fueron presentadas al rey por Velázquez de León en julio de 1766 y se aprobaron en 1783.

Una de las primeras acciones de Bucareli fue la inspección de los presidios norteños para renovarlos o reubicarlos. Aunque estas medidas lograron mejorar su situación, otro de los ambiciosos proyectos de Gálvez estaba en puerta: la creación de la Comandancia de Provincias Internas, que comprendía Sinaloa, California, Nueva Vizcaya, Coahuila, Nuevo México y Texas, separándolas del virreinato. El primer comandante sería Teodoro de la Croix, sobrino del antiguo virrey.

Tales disposiciones enojaron a Bucareli, al grado que negó sistemáticamente las ayudas que le solicitaba el comandante de la Croix. Esto perjudicó el desarrollo de aquel extraño proyecto, que era algo entre un nuevo virreinato, una capitanía general y un gobierno subalterno. Sin embargo, ante los constantes rumores sobre incursiones costeras de rusos e ingleses por el Pacífico, Carlos III ordenó de inmediato a Bucareli la organización de expediciones por mar y tierra para corroborar los datos. Tras tres empresas marítimas entre 1774 y 1779 donde no se hallaron establecimientos extranjeros, la corte quedó satisfecha y suspendió las indagaciones.

Bucareli, con acertado sentido de la administración, continuó con una serie de reformas: suprimió los derechos de aduana durante diez años, abolió definitivamente el monopolio que detentaban algunos comerciantes y combatió la corrupción de los funcionarios, en especial los de aduanas.

Ante una nueva guerra entre España y Gran Bretaña y la repentina muerte del virrey, en abril de 1779, la Audiencia se hizo cargo del gobierno mientras llegaba el virrey interino. El título recayó en Martín de Mayorga, gobernador y capitán general de Guatemala, quien se dio a la tarea de fortificar y resguardar los puertos de Veracruz y Acapulco.

Para minar el poder virreinal, Gálvez decidió nombrar un secretario de cámara del virreinato que se ocuparía de todas las funciones de la Real Hacienda. Con ello, el virrey se quedaba solamente con las funciones gubernativas y militares. Terminada la guerra, el ambicioso Gálvez pretendía el control absoluto del virreinato y decidió nombrar a su hermano como nuevo virrey. Matías de Gálvez asumió el gobierno el 28 de abril de 1783, pero enfermó de gravedad y tras escasos seis meses, tuvo que dejar el gobierno en manos de un regente. Murió el 20 de octubre de 1784 y la Audiencia se hizo cargo del gobierno una vez más, hasta que Bernardo de Gálvez, conde de Gálvez, hijo del difunto virrey, asumió el poder el 17 de junio de 1785.

Por fin, el tan anhelado deseo de Juan Gálvez parecía alcanzarse; de hecho, el rey de España firmó el reglamento para la creación del sistema de intendencias, tan sólo cuatro días antes de la sorpresiva muerte del virrey, en 1786. Fue su sucesor, Alonso Núñez de Haro, quien dividiría al territorio novohispano en 12 regiones, cada una gobernada por un intendente que ejercía los atributos de gobierno, administraba la justicia y se hacía cargo de la guerra, la hacienda y obras públicas:

1. México. El encargado de esta intendencia era superintendente, subdelegado de la hacienda de toda Nueva España y jefe del ejército.
2. Puebla de los Ángeles.

En el siglo XVII la minería logró un crecimiento impresionante gracias a la importación de tecnología alemana.

3. Veracruz.
4. Antequera de Oaxaca.
5. Mérida de Yucatán.
6. Valladolid de Michoacán.
7. Santa Fe de Guanajuato.
8. San Luis Potosí.
9. Guadalajara.
10. Zacatecas.
11. Arizpe de Sonora.
12. Durango.

Aunque el sistema de intendencias no fue perfeccionado ni por Núñez ni por el siguiente virrey, Manuel Antonio Flores, las raíces de la tan deseada centralización estaban echadas. El 14 de diciembre de 1788 murió Carlos III, un poco después que José de Gálvez (1787). Con esto, se cierra uno de los periodos más importantes de la reformas borbónicas y de nuestra historia. El destino, tanto de España como de sus posesiones de ultramar, cambiaría radicalmente. Los aspectos faltantes del siglo XVIII se desarrollarán en nuestro siguiente capítulo para comprender plenamente las acciones españolas, y las reacciones y propuestas novohispanas.

Con la política borbónica se afectaron muchos intereses. Al romperse la flexibilidad del régimen anterior y al imponerse un nuevo orden, encabezado por una burocracia muy poco sensible a las necesidades locales, se rompió parte del tejido social. Por ende, la relación entre la Corona española y la elite novohispana, jamás volvería a ser la misma. Aquella situación de vasallaje entre una madre y su hijo comenzaba a cambiar. De hecho, los ojos novohispanos se volvieron hacia Francia, y poco a poco la sumisión se convertiría en los primeros destellos de independencia.

4

TROPIEZOS ESPAÑOLES, ACIERTOS Y DESACIERTOS NOVOHISPANOS

Los vagos ecos de aquel gran imperio: decadencia de España y sus repercusiones en Nueva España

La segunda mitad del siglo XVIII y el primer cuarto del XIX revisten una enorme importancia en nuestra historia. A lo largo de esos años, en Europa se vivieron hechos verdaderamente trascendentales que revolucionaron no sólo su devenir, sino el del mundo entero. En parte como consecuencia de ellos, para Nueva España éste fue un periodo de cambios profundos, marcados por la agitación y el contraste, en los que se terminó de fraguar el ser mexicano.

Hacia los últimos años del 1700, la producción agropecuaria, la minera y el comercio internacional novohispanos experimentaron un gran desarrollo. De hecho, si en buena medida el virreinato del Perú había dictado las directrices americanas, ahora era Nueva España quien las daba.

Entre 1765 y 1796, la Corona eliminó las tan discutidas prohibiciones comerciales entre los territorios americanos, abrió nuevos puertos y quebró algunos monopolios. Aunque se conservaron estancos como los del tabaco, se propició decididamente el auge comercial. Aunado a lo anterior, el precio del azogue se redujo considerablemente y hubo un pujante desarrollo de las técnicas mineras. Era una prosperidad nunca vista en épocas anteriores y, no obstante, hubo complicaciones que no permitieron a la sociedad beneficiarse de la abundancia.

Los impuestos crecían considerablemente, lo que provocó el enriquecimiento de la Real Hacienda. En forma paralela, se presentaron hambre y epidemias, por lo que surgió la apremiante necesidad de transformar las haciendas por medio de mejoras tecnológicas. Nuevos empresarios agrícolas impusieron un control sobre los mercados regionales, con lo que se agudizaron los efectos de la crisis.

Por otra parte, en la minería se buscaron las novedades más importantes y, como no había suficientes expertos en Nueva España, se buscó la vanguardia europea. De este modo, se importaron los mejores técnicos alemanes para que transmitieran su conocimiento. A pesar de ello, los salarios de los mineros se estancaron, mientras los precios de los artículos subían vertiginosamente.

Los gremios se vieron seriamente afectados ante la abolición de sus privilegios. La libertad de producción no benefició a los pequeños artesanos, sino a los comerciantes y empresarios que pagaban poco por las mercancías y las vendían a precios inaccesibles. Mientras los bolsillos de los terratenientes, mineros y comerciantes se desbordaban, la mayor parte de la población no podía satisfacer sus necesidades básicas.

Políticamente, las cosas no iban bien, sobre todo en España, por ello, veamos primero el panorama europeo que nos permitirá comprender las intensas repercusiones en el territorio novohispano. Tras la muerte de Carlos III, su sucesor llevó al imperio a la franca decadencia. Carlos IV inició su reinado en el invierno de 1788 y, como si hubiera sido un presagio, la intensa actividad política de los años anteriores quedó prácticamente congelada. De hecho, el rey mostraba tan notable desinterés por los asuntos del imperio, que el mote popular con el que pasó a la historia fue el de "el cazador".

Durante el año siguiente se inició uno de los procesos más violentos del siglo XVIII: la Revolución Francesa, que conllevó una serie de acontecimientos que transformaron radicalmente el discurso de los pueblos modernos: la famosa Toma de la Bastilla (el 14 de julio de 1789), la *Declaración de los Derechos del Hombre y del Ciudadano* (en agosto del mismo año) y la *Constitución de Francia* (de febrero de 1791).

Todos estos hechos alarmaron a los monarcas despóticos que pretendían seguir ejerciendo el control sobre sus dominios como en épocas pasadas. Carlos IV no fue la excepción y apoyó decididamente a la familia real francesa, pues mantenía con ella una estrecha relación tanto sanguínea como política. Cuando Luis XVI fue capturado, el primer ministro español, el conde de Floridablanca, envió a la Asamblea francesa (inaugurada en octubre de 1791) una nota, de tono bastante agresivo, en la que dejaba entrever que si no se protegía a la familia del monarca, se llegaría a una intervención.

Ante la jura constitucional de Luis XVI, Floridablanca volvió a enviar una carta en la que dudaba de la libertad del rey, así como de la autenticidad de la Asamblea. Inmediatamente después, se mandaron cerrar las fronteras de España para evitar los inminentes contagios de aquellas ideas. En septiembre y octubre de 1789 se mandaron decomisar estampas, libros, papeles impresos, manuscritos, cajas y cualquier cosa "alusiva a las ocurrencias de Francia". La Inquisición, mejor que ninguna otra instancia, se haría cargo de ello.

El temor de Carlos IV aumentó por un atentado que sufrió en julio de 1790, cuando un joven francés avecindado en España lo apuñaló por la espalda y, aunque no logró matarlo, la idea de una revolución alarmó a la corte. El paso siguiente fue la represión de cualquier acto con tintes ilustristas. Era importante tratar de aniquilar el vehículo de mayor divulgación de la Ilustración y el 24 de febrero de 1791 se prohibió la publicación en el reino de periódicos no oficiales.

Asimismo, se decretó la salida de extranjeros que no tuvieran la residencia española, por lo que se tomó la medida de empadronar a la población, no sin antes hacerlos jurar fidelidad tanto a Dios como al rey. La Asamblea francesa reclamó las disposiciones de Floridablanca y pidió su destitución. En febrero de 1792 fue sustituido por el conde de Aranda, cuya política sería más bien conciliatoria y prudente y permitió la entrada de franceses a España; pero los asaltos a las Tullerías, en junio y agosto, y la suspensión provisional del rey francés por la Asamblea, lo hicieron planear la guerra en contra del país vecino.

En eso estaban cuando el gobierno francés anunció la abolición de la monarquía y posteriormente pidió a España el reconocimiento de la República. Ante la actitud dubitativa de Aranda, Carlos IV lo relevó y en noviembre de 1792 puso en su lugar a un personaje clave: Manuel Godoy. El ascenso de este joven de apenas 25 años, a quien la reina María Luisa apoyaba, molestó a más de uno; empero, los asuntos franceses capturaron la atención una vez más.

Pese a todos los esfuerzos e incluso algunos sobornos españoles, nada pudo hacerse para evitar que la Convención condenara a Luis XVI a la guillotina el 21 de enero de 1793 y, el 23 de marzo, España se sintió obligada a declararle la guerra a la república francesa, por lo que organizó tres ejércitos que invadirían Francia. Estas acciones militares no beneficiaron en nada a los españoles, pues los franceses lograron penetrar en los territorios fronterizos y Godoy tuvo que negociar la paz en Basilea. A cambio de la desocupación, España cedió parte de la isla de Santo Domingo. Irónicamente fue debido a estos tratados que se llamó "Príncipe de la Paz" a Godoy.

Poco después se firmó un acuerdo ofensivo-defensivo entre España y Francia que entraría en vigor sólo si alguno de los dos países se enemistaba bélicamente con la Gran Bretaña. Aunque el 7 de octubre de 1796 España le declaró la guerra a los ingleses, el tratado no se respetó. Napoleón Bonaparte, quien ya estaba al mando del gobierno, dio prioridad a ganar territorios en la Europa meridional.

Una vez más, las escuadras españolas fueron derrotadas rápidamente y se realizó otro pacto entre España y Francia. Los españoles se comprometieron a ceder la Luisiana a los franceses, a cambio de que éstos le otorgaran el reino de Parma a un yerno de Carlos IV. La venta de aquel territorio americano tenía como propósito táctico crear una especie de zona neutral entre aquellos territorios que ya eran estadounidenses y de Nueva España; sin embargo, Napoleón decidió vender la Luisiana precisamente a los norteamericanos.

Entre tanto, Godoy fue depuesto, pues los ingleses ocuparon Trinidad y la Isla Menorca. Al poco tiempo, Napoleón arrastró a España a otra guerra, pero ahora en contra de Portugal, quien era aliada de Gran Bretaña; paradójicamente, la campaña estuvo al mando de Godoy. El resultado fue una victoria, ya que los portugueses tuvieron que cerrar sus puertos a Inglaterra. En marzo de

1802 se firmó la paz y España pudo recuperar Menorca, aunque cedió a los ingleses la isla caribeña.

Tan sólo un año después, una nueva guerra francesa puso a temblar a España, además de que ahora estaba obligada a pagarle a Inglaterra seis millones de libras mensuales a cambio de que la Luisiana se mantuviera neutral para con Nueva España. En realidad, este humillante compromiso no sirvió de nada, pues Gran Bretaña continuó atacando a los barcos españoles y Carlos IV creyó ineludible iniciar una guerra más contra los ingleses.

Evidentemente, las guerras no habían traído nada bueno y la corte española ya estaba cansada de la continua política de total entrega a Francia. La débil estabilidad del reino se vio amenazada por una conspiración que pretendía darle el trono al hijo de Carlos IV. Ante la denuncia pública de los hechos, se siguió un proceso donde Fernando, el mismo príncipe de Asturias, resultó culpable; pero como Godoy temió que el rumor de que Napoleón apoyaba al príncipe fuera cierto, se le dio la absolución.

El 27 de octubre de 1807 se firmó el tratado de Fontainebleau. Napoleón y Godoy planearon atacar Portugal y dividirlo en varios reinos, uno de los cuales sería para el propio Godoy. España se comprometió a dar paso libre a las tropas francesas y, en pocos días, 50 mil soldados habían entrado en territorio español. Napoleón cambió de estrategia y, a partir de febrero de 1808, comenzó a ocupar sin mayor dificultad varias plazas españolas. En marzo, nombró a su cuñado Joaquín Murat como jefe de los ejércitos franceses y el número de soldados aumentó a 100 mil.

Godoy, al percibir la gravedad del problema, propició la salida de la familia real a Sevilla, pero el pueblo descubrió la huida del monarca y lo retuvo en Aranjuez. Ante la revuelta, Carlos IV abdicó a favor de Fernando, pero pronto se arrepintió de la renuncia e incluso le escribió una carta a Napoleón donde pedía ayuda en contra de su propio hijo. Mientras los invasores franceses ocupaban España, el pueblo apoyaba al príncipe como su rey. Fernando VII se había ganado el mote de "el deseado", y pese a que Carlos IV había firmado un manifiesto donde declaraba nula la abdicación, la política española trataba de que Francia reconociera la legitimidad del nuevo monarca.

Napoleón fingió que reconocía a Carlos IV, por lo que Fernando buscó la forma de entrevistarse con él. En cuanto cruzó la frontera, se le prohibió regresar a España y fue obligado a abdicar a favor de su padre. A poco, éste desistió del trono en beneficio de Napoleón, quien a su vez lo cedió a su hermano, José Bonaparte, y toda la familia real española terminó viviendo a la fuerza en la ciudad francesa de Bayona. El nuevo rey no fue querido en España y se le aplicó el sobrenombre de "Pepe Botella", con base en su supuesto alcoholismo; sin embargo, todo indica que más bien era abstemio. Debido al descontento español se formaron varias juntas provinciales para que gobernaran en nombre de Fernando VII hasta que él fuera liberado. La idea era organizar la defensa del territorio español y de las posesiones de ultramar. Finalmente, se formó una junta suprema, apoyada por Gran Bretaña, que se estableció en Sevilla.

Los sucesos del 10 de marzo de 1808 marcaron la caída definitiva del imperio español. En 20 años se transformó de manera considerable la realidad de todo el reino y, por supuesto, Nueva España no fue ajena a la vorágine de acontecimientos. Para sostener tantas guerras españolas se requirieron grandes sumas de dinero; los reinos de ultramar en definitiva no querían empobrecerse y menos por mantener a una Madre Patria en decadencia. No obstante, tuvieron que exigirles a sus colonos fuertes sumas que representaron severas sangrías.

Si la política española no estaba nada bien, la suerte de Nueva España no era más favorable. De hecho, durante el reinado de Carlos IV gobernaron el territorio seis virreyes. En 1788, a Manuel Antonio Florez le tocó reanudar las expediciones hacia el norte para verificar que las potencias extranjeras no ocuparan los dominios españoles. Esta vez, el resultado no fue alentador, pues en el paralelo 60° se toparon con un establecimiento ruso. Una empresa más, encabezada por José Martínez, se encargó de recuperar la isla de Nutka y de evitar el establecimiento de una factoría inglesa de pieles.

El siguiente virrey, Juan Vicente de Güemes Pacheco, segundo conde Revillagigedo, tomó el poder el 16 de octubre de 1789 y se encargó de continuar vigilando la zona del Pacífico. Encarceló a los ingleses, pero esta medida ocasionó un conflicto diplomático con Gran Bretaña que terminó con el otorgamiento de concesiones sobre la isla de Nutka a aquel país.

La intensa labor de Revillagigedo iba de la mano con su autoritarismo y abierto desprecio a los criollos, pese a que él mismo era uno. Las reformas borbónicas habían hecho mella en la sociedad novohispana y los colonos trataban por todos los medios de derrocarlas. Debido a la situación española, se interrumpió la intensa labor reformista y fracasaron algunos de los cambios que ya se habían iniciado.

En enero de 1784 se promulgaron las nuevas Ordenanzas para la minería y el Tribunal comenzó de inmediato a ejercer sus funciones como banco de avíos o de préstamos a los mineros. Sin embargo, hubo malversaciones de fondos y el entonces virrey, Bernardo de Gálvez, suspendió las operaciones bancarias. Lógicamente, quebraron las minas que habían sido refraccionadas por el dinero que el Tribunal captaba como banco y se suscitó otro grave problema. Cabe señalar que el Estado fue justamente uno de los responsables de la quiebra, pues exigía ante todo grandes sumas monetarias que se destinaban a financiar las guerras españolas.

En cuanto a las intendencias, el sistema funcionó hasta poco después de la época virreinal, mas nunca alcanzaron los propósitos para los cuales habían sido creadas. Si bien su objetivo prístino fue la descentralización, al tratar de poner en práctica el proyecto, tuvieron que enfrentarse a muchas dificultades, como la falta de un estudio profundo sobre los límites de cada jurisdicción y la carencia de fondos para la aplicación del nuevo sistema para todo el territorio. Por otro lado, el puesto de intendente no encontró el reconocimiento general ni el apoyo verdadero de las demás autoridades. Asimismo, no se llegaron a realizar las visitas anuales a toda la zona y, debido a los ínfimos sueldos de los subdelegados, se cayó en los mismos vicios en que habían incurrido los alcaldes mayores de la jurisdicción pasada.

Vicente Güemes y Pacheco, segundo conde Revillagigedo y virrey de Nueva España, 1789-1794, cuidó las costas del Pacífico para evitar colonias extranjeras.

La Comandancia de Provincias Internas, creada para controlar el norte de Nueva España, también enfrentó múltiples problemas. En primer lugar, este sistema se contraponía al de las Intendencias, pero el gobierno español se empeñó en hacer subsistir a ambos, y el proyecto se quedó en un ensayo eterno. Hacia 1787 se crearon dos comandancias: la de Provincias Internas de oriente y la de occidente. En 1792 se volvió al primer proyecto al dejar a todas las provincias del interior bajo un solo comandante, y permaneció así hasta 1811, cuando se dividió otra vez en dos. Lo anterior evidencia que no había un proyecto definido.

Una de las últimas reformas que afectaron el devenir novohispano fue la libertad comercial. Si bien el sistema mercantilista había restringido el comercio americano a favor del español, ahora las cosas eran diferentes. A partir de 1774 se permitió el intercambio de productos entre Nueva España, Guatemala, Nueva Granada y Perú y, mediante un decreto fechado el 28 de febrero de 1789, se abrió además una relación para Nueva España y Caracas.

Ya para 1796 se dieron abiertamente todas las libertades comerciales para traficar con los puertos de la metrópoli en embarcaciones propias, llevando productos americanos y trayendo los europeos. Este comercio libre fue promovido por Revillagigedo, pero si vemos un poco más allá, es un claro síntoma del desinterés español por los territorios de ultramar, y revela la desesperada preocupación por obtener el mayor número de recursos de donde fuera, sin importar el sacrificio de algunos de los pilares ideológicos tradicionales del imperio.

El virrey era protegido del ministro español Floridablanca y cuando éste fue depuesto, las influencias de Revillagigedo decayeron. Su sucesor, Miguel de Grúa, marqués de Branciforte —cuñado de Godoy— subió al poder el 12 de julio de 1794, y de inmediato siguió una política en contra de los franceses residentes en Nueva España. El pretexto fue la aparición de un pasquín en el que se elogiaba a la Revolución Francesa.

Durante este periodo, muchos franceses fueron apresados y enjuiciados por la Inquisición, inclusive el cocinero de Revillagigedo fue encontrado culpable de haber participado en la conspiración dirigida por Juan Guerrero. Muchos extranjeros recuperaron su libertad, otros fueron deportados y solo dos murieron: desesperados por el juicio, se suicidaron.

El periodo de Branciforte transcurrió entre las constantes guerras españolas, por lo que sus actividades se limitaron a continuar la sangría de la población. El siguiente virrey, Miguel José de Azanza, tomó el poder el 31 de mayo de 1798 y tan sólo duró dos años. Fue sucedido por Félix Berenguer de Marquina, de quien se rumoraba que había comprado el puesto a Godoy. Durante esta época, se suscitaron varias revueltas en distintas zonas del reino, entre las cuales destaca una rebelión de indígenas de Nueva Galicia.

En el siglo XVIII, Nueva España era un territorio formado por regiones con problemas muy distintos, por lo que la crisis española las afectó también de modos diversos. El área más desarrollada económicamente era el centro-norte, sobre todo la región del Bajío, donde la producción agropecuaria era controlada por numerosas haciendas que abastecían de grano a la capital y que sobrevivían

Durante el gobierno del marqués de Branciforte, de 1794 a 1798, la constante demanda española de dinero para con las posesiones de ultramar causó un gran descontento entre la población.

gracias al crédito eclesiástico, que cobraba muy bajos intereses (tres por ciento). El comercio y la explotación de los recursos de Michoacán y del norte habían generado ciudades prósperas con numerosos obrajes y riquísimos reales de minas, como San Luis Potosí y el pujante Guanajuato.

No obstante, esta zona había mostrado síntomas de evidente inestabilidad social, ocasionados por las bajas de la población en guerras, por las cada vez más fuertes imposiciones fiscales y por la explotación excesiva en haciendas y minas. Los motines que sobrevinieron fueron ahogados con la propia sangre de la población, lo que aumentó la tirantez.

Los sentimientos de una sociedad cansada: el principio de la intranquilidad

A lo largo del periodo virreinal, la población del centro y del norte se fusionó en un intenso mestizaje; sin embargo, este fenómeno no se produjo de la misma manera en otras regiones. En las sierras, tanto las del norte como las del sur, la marginación indígena marcó la pauta. Oaxaca, por su parte, logró el enriquecimiento de algunas comunidades indias gracias a la producción de la grana, tan preciada en el extranjero. En contraste, en Yucatán y en Chiapas se continuaba empleando el ya superado sistema de encomienda.

Al siguiente virrey, José de Iturrigaray, lo estudiaremos un poco más adelante; baste aquí decir que era un individuo mediocre y que, durante su gobierno, se dio la visita del barón Alexander von Humboldt, quien, entre 1803 y 1804, llevó a cabo muchos experimentos y observaciones; de igual forma, recopiló suficiente material para escribir libros y artículos. Quizá el más importante sea su: *Ensayo político sobre el reino de Nueva España*, donde analizó las condiciones políticas, económicas y sociales de la última etapa del virreinato.

De todos los sectores sociales, los más afectados por las medidas borbónicas fueron los sectores medios y bajos de la sociedad, pues la situación empeoró ante la nefasta política económica de Manuel Godoy. En 1804, durante el gobierno de Iturrigaray, se aplicó la cédula de consolidación de vales reales. A lo largo del reino se habían emitido vales por ciertas cantidades de dinero que en realidad no estaban respaldadas por las existencias de la hacienda. Esto provocó desconfianza e hizo que el valor nominal de los vales se depreciara, por lo que se tuvo que pensar en consolidarlos; es decir, pagar una parte en efectivo para que el crédito y la confianza se restablecieran.

Al no existir otro recurso, se exigió a la Iglesia que depositase sus capitales en las cajas reales, encargadas desde entonces del pago de intereses. Los antiguos beneficiarios de esos fondos eclesiásticos (comerciantes, mineros, comunidades indias, artesanos y terratenientes) se vieron obligados a pagar sus deudas con la mayor prontitud. La consecuencia inmediata fue el enriquecimiento del estado, pero como prácticamente todo este dinero terminó yéndose a España, el país se descapitalizó.

El virrey Iturrigaray se comportó con extrema dureza en la aplicación de la orden real. Pese a las protestas, se empezó a cobrar el dinero y a remitirse a España caudales, que se han llegado a calcular en unos diez millones de pesos. Sólo la abdicación de Carlos IV pudo interrumpir la aplicación de la cédula.

Criollos, mestizos y mulatos formaron los sectores más activos y productivos de la sociedad, a pesar de que fueron también los más golpeados. En sus manos estaban la agricultura, el comercio al menudeo, la artesanía, el transporte, el servicio doméstico y la venta de alimentos y bebidas. Adicionalmente, en el ejército novohispano muchos de los dirigentes eran criollos y sus soldados, mestizos y mulatos.

Políticamente, los criollos continuaban ocupando puestos secundarios, bien corregidores, ediles o síndicos; puestos que se compraban. Los mestizos, en tanto, ejercían cargos terciarios, como por ejemplo ayudantes de taller. Por su parte, las castas no encontraban acomodo social, pues pertenecer a alguna era símbolo de impureza de sangre.

Fue a partir de las reformas impuestas por el Cuarto Concilio Provincial Mexicano, cuando miembros de los sectores marginales indígenas y mestizos comenzaron a ingresar al clero secular, gracias a su conocimiento de las lenguas autóctonas. A este clero bajo se le encargó la administración de las parroquias recién secularizadas.

Sin embargo, el grupo más afectado por las reformas fue, en definitiva, el indígena, sector que constituía más de la mitad de la población. En el siglo XVIII, muchos indios trabajaban tanto en las haciendas como en las minas. No obstante, numerosas comunidades sobrevivieron gracias a que mantuvieron y defendieron la propiedad comunal, sus lenguas y, por supuesto, su cosmovisión.

De acuerdo con la política borbónica, la propiedad comunal debía desaparecer, pues era una corporación. Se pensaba que con la división de las parcelas se podría integrar a los indígenas a la productividad controlada por los españoles. La resistencia legal y violenta de las comunidades indígenas no se hizo esperar. Muchas argumentaron que la Corona había legalizado sus tierras comunales entre 1707 y 1709 y gracias a ello pudieron mantenerlas.

Por otro lado, las familias más ricas de Nueva España no eran, como podría pensarse, las de los peninsulares, sino las de los criollos que se habían beneficiado desde generaciones atrás con las haciendas y las minas. Por eso, los préstamos forzosos de la Corona los perjudicaron considerablemente y, para liberarse del yugo Borbón, algunos de los miembros de la aristocracia llegaron incluso a solicitar ayuda a los ingleses. Este intento, como muchos otros, falló, pero también refleja la inquietud criolla por asir las cuerdas de su propio destino.

Los nuevos pinceles, tintas, violines y cinceles: las manifestaciones culturales

Toda esta situación se manifestó en la cultura novohispana. A diferencia del barroco, que penetró profundamente en los ámbitos indígena y mestizo, la Ilustración fue una cultura elitista que se mantuvo ajena a un pueblo cuya religiosidad seguía viva. Las reformas habían reducido el número de cofradías y, ante el temor de combinar cultos, se limitó el número de fiestas. Una de las preocupaciones que atormentaban a los borbones fue la de eliminar el uso de lenguas autóctonas y fundar escuelas donde se enseñara el español a los indígenas.

Como ya mencionamos, se promovió la construcción de instituciones que fomentaran los avances científicos y tecnológicos. Así, se fundaron el Colegio de Minería, el Jardín Botánico y la Academia de Cirugía. Los ilustrados novohispanos abordaron temas muy variados: estudios matemáticos, astronómicos, geográficos y cartográficos e investigaciones sobre botánica, química, física y medicina. Incluso se llegaron a efectuar rescates arqueológicos, como el del barón Humboldt a la famosa Coatlicue. Asimismo, durante mucho tiempo se exhibió en Catedral una de las piezas clave para comprender la cosmovisión mexica: la Piedra del Sol, mal llamada Calendario Azteca. Ambas piezas fueron difundidas hacia 1792 por el historiador, matemático y astrónomo Antonio de León y Gama.

La Real y Pontificia Universidad, que se había estancado en los métodos y contendidos tradicionales, finalmente se abrió a la modernización educativa. Se consideró este cambio como algo tan trascendente que, hacia 1803, Iturrigaray lo celebró con una fiesta. La Ilustración en Nueva España, al igual que en España, tuvo cierto carácter crítico, pero jamás se mostró anticlerical, ni atacó los dogmas religiosos. Esto se hace evidente cuando revisamos la difusión de las imágenes de la Virgen de Guadalupe. El gremio de pintores nos muestra perfectamente el cambio cultural, y así se ha querido definir al periodo como de "ecos de la pintura del famoso pintor español Esteban Murillo". Según el investigador mexicano Manuel Toussaint, este periodo es de decadencia y, aunque su apreciación está basada en lo que ocurrió con el imperio. Es importante recordar que cada época tiene sus propios cánones de belleza.

Lo cierto es que las características de este tiempo rompen con el estilo previo. La paleta del pintor redujo colores e intensidad; rosas, azules, grises y sepias invadieron la escena para confundirse con el fondo. Se introdujo por primera vez el paisaje en los cuadros y, como en los demás aspectos de la vida novohispana, el afrancesamiento encontró fieles adeptos.

Uno de los primeros pintores que marcaron las pautas que seguiría la pintura del siglo XVIII fue el enigmático Juan Francisco de Aguilera. Le siguieron el Padre Manuel, llamado "el jesuita" y José de Ibarra, alumno de Juan Correa y heredero del importantísimo taller de los Juárez. Este último fue maestro nada menos que de Miguel Cabrera, quizá el pintor virreinal más afamado y a quien injustamente se adjudican todos los aciertos y todos los errores de la plástica virreinal. Oriundo de Tlalixtac, Antequera de Oaxaca, tuvo una estrecha relación con el arzobispo Rubio y Salinas, e incluso llegó a firmar como su "pintor de cámara". Entre sus obras más destacadas se encuentran múltiples Vírgenes de Guadalupe y una *Alegoría de la Preciosa Sangre de Cristo* que custodia el Museo Nacional del Virreinato.

Llama la atención que se ha denominado "post-cabrerianos" a pintores contemporáneos a Cabrera, como Andrés de Islas, José Pérez y Antonio Pérez de Aguilar, entre otros; sin embargo, la afirmación es injusta, pues no todos lo imitaron. Cabe destacar a Pérez de Aguilar, por ser el autor de *La Alacena del Pintor* (1761), una de las pocas naturalezas muertas de Nueva España. No obstante, quizá el más señalado del periodo sea Juan Patricio Morlete Ruiz, quien fue tan bueno o mejor que el mismo Cabrera y también dirigió el taller, herencia de los Juárez.

Para lograr la difusión del arte, en 1778 se creó el prestigiado Colegio de Nobles Artes de San Carlos, dedicado a preparar pintores, escultores, grabadores y arquitectos. Pese a que la primera generación —a cargo del pintor Jerónimo Antonio Gil— fracasó, se mandó llamar como maestro a uno de los mejores artistas europeos: Manuel Tolsá. El segundo grupo, dirigido por Rafael Ximeno y Planes prosperó magníficamente. Es interesante mencionar que a la muerte de Morlete Ruiz, el taller de los Juárez fue heredado a Rafael Joaquín Gutiérrez, responsable de donarlo para la fundación de la tan prominente Academia.

Durante este siglo abundaron los científicos y literatos, entre los que destaca José Antonio de Alzate, astrónomo, químico, físico y autor de muchas memorias sobre la naturaleza mexicana. Fue editor de los primeros periódicos científicos, como el *Diario Literario de México* (1768), los *Asuntos varios sobre ciencias y artes* (1772) y la *Gaceta de Literatura de México* (1788-1795). Del mismo modo, José Ignacio Bartolache, médico y matemático, publicó el primer periódico de América especializado en Medicina: *el Mercurio Volante* (1772).

Entre los jesuitas criollos expulsados a Italia que más sobresalieron están el veracruzano Francisco Xavier Clavijero, autor de la maravillosa *Historia antigua de México* (1780); Andrés Cavo, quien escribió la *Historia de la dominación española* y Rafael Landívar, autor del poema latino *Rusticatio Mexicana,* bellísima loa a nuestra campiña.

En cuanto al teatro, hacia la primera mitad del siglo XVIII se consolidó el espíritu barroco que propició el desarrollo de importantes expresiones dramáticas: óperas, zarzuelas y entremeses. A finales del siglo XVII se construyó el famoso "Coliseo", primer recinto formal para representaciones de Nueva España. Durante el siglo XVIII se destruyó en un incendio y hacia 1725 se levantó el "Coliseo Nuevo", que después cambiaría su nombre a "Teatro Nacional".

Asimismo, una nueva música instrumental deleitaba lo mismo el gusto civil que el eclesiástico. En Nueva España descollaron muchos autores, como Manuel de Sumaya e Ignacio Jerusalem, quienes fueron maestros de capilla de la catedral metropolitana, pero hubo otros notabilísimos músicos en la ciudad de México, Oaxaca, Puebla, Guadalajara, Valladolid, Durango y Zacatecas. Algunas de sus obras anuncian el estilo que permearía al siglo XIX: el neoclásico.

Previsión del tiempo que se agota: los primeros levantamientos

Para el final del siglo, la cultura basada en una visión religiosa y corporativa comienza a olvidarse, para dejar paso a una cultura ilustrada, secularizada, racionalista y apegada al control del Estado. Es decir, se bebió tanto de la Independencia de Estados Unidos de Norteamérica (1776) como de los ideales de la Revolución francesa (1789).

Poco a poco, el sentimiento llamado "patriotismo criollo" logró mostrar la diferenciación con la Madre Patria. En este momento, el criollo no buscaba la independencia, se conformaba con el reconocimiento de sí, pues estaba orgulloso de lo que era. Sentía que tenía capacidad para gobernarse, así como el legítimo derecho de hacerlo.

Entre 1782 y 1808 la Corona trató, una vez más fallidamente, de administrar mejor sus territorios, por lo que se crearon nuevos virreinatos. Ante el pánico español de que las ideas ilustradas se arraigaran en América, se intentó inútilmente detenerlas. Nada hay más difícil que contener conceptos cuando hay hombres que se interesan por ellos.

Entre junio y julio de 1808, Nueva España conoció los penosos acontecimientos de Bayona. La situación virreinal era muy delicada: no existía un legítimo soberano español, era un invasor quien ceñía la Corona. Además, con el motín de Aranjuez contra Carlos IV se había dado una cabal muestra en contra de la monarquía corrupta y débil.

La dependencia con respecto a España estaba en suspenso, y todos los novohispanos, ilustrados o nacionalistas, estaban conscientes del asunto. Justo delante de ellos estaba la coyuntura que los criollos anhelaban. Sin embargo, las opiniones estaban divididas, pues Iturrigaray representaba al odiado Godoy, y entre el Ayuntamiento (criollos) y la Audiencia (peninsulares) se discutían dos diferentes posturas novohispanas. Lo único que todos tenían claro era que por ningún motivo se podía permitir un gobierno francés.

El 15 de julio de 1808 en el Real Acuerdo (asamblea gubernativa formada por los oidores de la Audiencia) se discutió la posibilidad de suspender la consolidación de los vales reales. Un día después se vio que el Ayuntamiento tenía una idea más clara de cómo gobernar a Nueva España. Los criollos más destacados eran Francisco Primo de Verdad, Francisco Azcárate y fray Melchor de Talamantes, este último con la posición más radical. La idea era crear una junta de gobierno, similar a las españolas, y un congreso formado por criollos notables que supervisarían al virrey, a la Audiencia y a la Junta de Gobierno. También se ocuparían de la justicia del reino. Por su parte, la Real Audiencia estaba de acuerdo con que Iturrigaray debía continuar al mando, pero no podía permitir que los criollos tuvieran tales licencias.

El virrey se limitó a escuchar la discusión. Había reconocido como rey a Fernando VII, pero le faltó decisión y autoridad, por lo que ambos partidos dudaron de su apoyo. Los peninsulares sintieron amenazados sus intereses y decidieron dar un golpe de estado al virrey. Así, apoyaron a los comerciantes, representados por Gabriel Yermo, es decir, se aliaron al grupo capaz de comprar tanto armas, como personas. Fue una conspiración rápida y efectiva: en la madrugada del 15 de septiembre de 1808 se encarceló a Iturrigaray y se encerró a los miembros del Ayuntamiento. Se nombró a un

La conspiración en contra del virrey José de Iturrigaray demostró el poder que tenían los peninsulares.

virrey manipulable, Pedro de Garibay, aunque naturalmente era ilegítimo, pues debía su puesto a los revolucionarios. Para ganarse apoyo, este gobernante disminuyó los impuestos que más irritaban a la población (carne, aguardiente, caña, pulque y aquellos sobre las anualidades de la Iglesia), amén de liberar los productos que España tenía estrictamente prohibidos a sus reinos americanos, como la vid y el olivo.

Primo de Verdad murió en la cárcel y la sociedad pensó que lo habían ejecutado, por ello, se dispensó a los demás, excepto a Talamantes, quien siguió preso hasta 1811. Una vez que Garibay se consolidó en el poder, liberó a Iturrigaray en contra de algunos militares criollos.

Mientras tanto, en España se creó una Junta Central con residencia en Sevilla, la cual requería la presencia de un representante de cada una de las posesiones de ultramar para que expusiera la postura de su virreinato. Además, debían llevar a la Junta recursos adicionales para que España sufragara los gastos de la guerra. Si Iturrigaray había mandado importantes sumas a España, Garibay no quería quedarse atrás.

Por otro lado, se creó la primera Junta Consultiva, la cual estaba formada por tres oidores que se encargarían de dictaminar sobre cualquier tipo de infidencia al rey de España. Como ejemplo para atemorizar a quienes quisieran ser desleales, se debía castigar con la pena capital a todo aquél que, una vez juzgado, se encontrara culpable.

Por su ineptitud para gobernar, la junta decidió derrocar a Garibay y el 16 de febrero de 1808 subió al poder el arzobispo de la ciudad de México, Francisco Xavier Lizana y Beaumont. No era la mejor opción, pues era un hombre manipulable, de claro origen francés y odiado tanto por criollos como por peninsulares. Sin embargo, mostró habilidad, pues inició una importante política conciliadora que lo acercó a los criollos, con los que unió fuerzas.

A pesar de haber ocultado la crítica situación española, Lizana mandó, de una sola vez, tres millones de pesos de la tesorería, 80% de los cuales fue donado por los comerciantes, mineros y hacendados. De este modo, demostró su lealtad hacia la Corona.

La Junta Central pretendía que Nueva España enviara otros 20 millones de pesos, más de la mitad del circulante. Lizana incitó a enviar la mitad del monto. Los peninsulares no estaban satisfechos con el virrey y le reclamaron que estaba favoreciendo a los criollos y no a ellos, por lo que lo tomaron como traidor.

No obstante, Lizana ordenó la junta contra infidentes y la nombró "Junta de Seguridad y Buen Orden". Estaba integrada por un oidor de la Audiencia, que determinaba la culpabilidad o inocencia del acusado; un alguacil, que detenía a los sospechosos, y un fiscal, que llevaba el caso. Esta junta le dio ciertos tintes de optimismo al gobierno novohispano, hasta que en 1808 se descubrió la Conspiración de Valladolid. En realidad no se trataba de un secreto, ya que habían ido granjeándose a los indios de pueblo en pueblo, ofreciéndoles la suspensión del tributo y una carga menor de trabajo. A los criollos, en cambio, les prometieron las tierras de los peninsulares y, a los mestizos, una reivindicación social. Diez personas delataron a los conspiradores, por lo que hubo muchos detenidos. Cabe mencionar que dentro de esta junta se encontraban Mariano Abasolo, Ignacio Allende y, posiblemente, el mismo Agustín de Iturbide.

Pese a que Lizana estaba muy asustado, transformó e incorporó las milicias al ejército (civiles en servicio militar), para tratar de detener futuros levantamientos. Dichas milicias eran para varones que recibían una deficiente educación militar y, al parecer, una vez al año debían hacer prácticas. Sus miembros eran ciudadanos criollos, mestizos o indígenas, con una base peninsular.

En España, el panorama no mejoraba, y ante la ocupación francesa de Andalucía, la Junta de Sevilla se vio forzada a cambiar su residencia a Cádiz. El sentimiento generalizado del virreinato era de franca derrota, por lo que se buscaron soluciones alternas. Una de ellas fue llamar a algún miembro de la familia real y se pensó en una de las hermanas de Fernando VII, llamada Carlota Joaquina, quien se hallaba en Brasil. Sin embargo, la Regencia de Cádiz pidió calma a Nueva España.

Ante el fracaso de la Regencia, se formó la Junta Central de Cádiz, que depuso a Lizana y que en mayo de 1810 tomó el poder en sus manos. Como primera medida, mandó pedir 20 millones de pesos, de los cuales sólo se recaudaron tres. Poco a poco la organización del gobierno se tornó más compleja. La Junta Central convocó a la formación de unas cortes que asumieran la difícil tarea de gobernar y procuraran controlar la situación en todo el reino.

Un ideólogo clave para las famosas Cortes de Cádiz fue, sin lugar a dudas, Gaspar Melchor de Jovellanos quien dividió las cortes en dos cámaras: una de diputados, con cargos de elección popular, y otra de notables, integrada por nobles y eclesiásticos. Las cortes necesitaban de la participación americana, por lo que la invitación fue extensiva tanto a los virreinatos como a las capellanías generales de toda América. Para atraer a más personas, cambiaron su actitud ante los criollos y declararon como principio la igualdad de los hombres.

El largo y sinuoso camino hacia el tricolor: Hidalgo

Uno de los sucesos más famosos de la historia de México es indiscutiblemente la Conspiración de Querétaro, en la que la mayoría de sus miembros fueron criollos. Aún no está del todo claro si su inicio fue parte de la Conspiración de Valladolid, o si fue un movimiento autónomo. Lo cierto es que Querétaro era, y todavía es, una ciudad muy importante por las vías de comunicación que en ella convergen. El propósito de las reuniones no es claro, aunque al parecer querían crear una Junta de Gobierno en Nueva España.

Entre sus miembros más importantes se encontraba doña Josefa Ortiz, esposa del corregidor de la ciudad, don Miguel Domínguez, ambos personajes muy queridos que acostumbraban organizar "academias literarias" (tertulias donde se discutían temas de política, teatro, poesía, etc. y tenían una digna herencia ilustrada).

También destacaron Ignacio Allende y Juan Aldama. El primero demostró desde muy joven habilidad para los negocios, aunque fue hijo de un comerciante criollo que le heredó sólo deudas. Jugaba las suertes de la charrería y tuvo un accidente donde, tras

Ignacio Allende fue el responsable de que el cura Hidalgo entrara al movimiento.

una caída, se le deformó la nariz y se le afectó un brazo. Hombre reflexivo que, perteneció al ejército y conocía las artes de la guerra.

El cura Miguel Hidalgo y Costilla no fue uno de los primeros conspiradores. De hecho, fue Allende quien lo invitó a participar, pues eran amigos. No obstante, su trato con la gente y su gran poder de persuasión lo convirtieron en líder. Hidalgo nació en Pénjamo en 1747 y era miembro de una familia criolla; por órdenes de su padre estudió en el seminario, y en 1770 era rector del Colegio de Valladolid y llegó a viajar a España, de donde trajo libros ilustrados. Estaba a cargo del curato de Dolores, lugar donde fabricaba lozas y cultivaba productos prohibidos, como la vid y las moreras, sobre todo por llevar una idea contraria a España.

El movimiento estaba preparado para el 21 de diciembre de 1810, pero Mariano Galván, trabajador de la oficina de Correos en Querétaro, los acusó. Cabe mencionar que la Corona dispensaba al delator, aunque hubiera conspirado. El 13 de septiembre, un grupo de soldados también los denunció ante el intendente de la provincia, Juan Antonio Riaño, quien era amigo de Hidalgo y por eso supo que éste sí iba a levantarse en armas.

Riaño decidió poner un alto al movimiento, pero no conocía la participación de los corregidores y les reveló sus planes. Así fue como Miguel Domínguez decidió proteger a su esposa, y la encerró en sus habitaciones. Riaño salió la noche del 14 de septiembre rumbo a San Miguel el Grande (hoy de Allende). En tanto, Hidalgo, Allende y Aldama se reunieron a eso de las dos de la mañana y, ante la iniciativa del cura, decidieron adelantar la lucha armada. Las palabras de Hidalgo que la historia ha recogido dicen: "Caballeros, estamos perdidos, aquí no hay más remedio que ir a agarrar gachupines". Estas palabras alarmaron a Aldama, quien no estaba convencido de matar a nadie.

Alrededor de las cuatro de la mañana salieron a las calles de Dolores y, tras liberar a dos personas de la cárcel, fueron a casa del visitador de la Iglesia (burócrata que recolectaba impuestos de pueblo en pueblo), lo encañonaron y le solicitaron un préstamo. Como era domingo (día de mercado), fue sencillo reunir al pueblo y se dio el ahora famoso "Grito de Dolores".

De este hecho se sabe muy poco, aunque en las crónicas decimonónicas constantemente se repiten las siguientes frases: "¡Viva Fernando VII!", "¡Viva Nuestra Señora de Guadalupe!", "¡Muera el mal gobierno!" Al analizarlo parece difícil que se manifestara una idea separatista para con España, pues como indicamos, este proceso no tenía tintes independentistas, además de que no se aclara cuál era considerado mal gobierno, si el francés o el de la ciudad de México. Queda claro que la religión católica era el agente aglutinador al interior de la sociedad mexicana. Por último, no pudo tampoco haber dicho nuestro tradicional *¡Viva México!*

Los siguieron unas mil personas, número que superó las expectativas de los propios dirigentes, y se preparó una marcha que tuvo como primer objetivo San Miguel. Cabe señalar que el indígena era fiel a la Corona; por lo que sus seguidores eran mestizos y criollos, aquellos que habían sufrido una tradición de conflicto de pureza de sangre. En el camino hicieron una parada en el Santua-

La madrugada del 15 de septiembre de 1810 marcó cambios profundos en el destino de la nación

rio Jesuita de Atotonilco, donde Hidalgo tomó el estandarte de la Virgen de Guadalupe, ya que era (y continúa siendo) un símbolo incluyente que daba legitimidad al movimiento.

La parada de Atotonilco no fue fortuita, pues el lugar era considerado un centro difusor para otras comunidades. De ahí, pasaron a San Miguel el Grande, donde surgieron los primeros problemas entre Hidalgo y Allende, por los impulsivos ataques del cura contra peninsulares. Allende no quería que se saqueara, pues opinaba que eso les daría mala fama y de hecho, la noticia llegó a oídos del virrey ese mismo día. Como Querétaro era la puerta del Bajío, el virrey decidió reforzar la ciudad con presencia militar. Para ello, entró en contacto con Félix María Calleja, jefe militar de la zona, famoso por ser eficaz y obediente, además de carente de escrúpulos. Del mismo modo, el virrey consiguió la excomunión de Hidalgo, no por el levantamiento, sino por el saqueo de los tem-

El carisma de Hidalgo fue aprovechado para que los indígenas se unieran al movimiento.

plos. Se la otorgó un amigo del Cura, el obispo de Valladolid, Manuel Abad y Queipo. Como Hidalgo apeló que el obispo no tenía el poder para hacerlo, el arzobispo de la Ciudad de México ratificó la legitimidad de la excomunión. El caudillo se supo defender, era un hombre de ideas ilustradas que sabía de leyes y teología, y alegó que Dios no lo había excomulgado.

El movimiento prefirió irse a Celaya y de ahí tomar Guanajuato, pues el intendente Riaño defendía la ciudad. Hidalgo pretendió la rendición de la plaza y, ante la negativa, sólo pidió la protección de su familia. De nada sirvió que Calleja hubiera quitado los impuestos antes de la llegada de las tropas, ya que la gente estaba muy resentida y se enfiló en contra del poder establecido. La toma de la Alhóndiga de Granaditas, almacén de granos de la ciudad, costó mucho trabajo, pero se intentó porque se pensaba que las riquezas de los peninsulares se encontraban allí. La figura del *Pípila,* hombre que ató una lápida a sus espaldas para resistir el fuego y las lanzas de los militares, es más simbólica que real: es el emblema del trabajo de los revolucionarios. No hay un solo Pípila, muchos hombres atacaron heroicamente el sitio en una de las gestas más importantes de la lucha.

Después de la toma se violaron mujeres y se asaltaron comercios y casas de peninsulares. Aunque no se pretendía la toma de haciendas, hubo intentos masivos de saqueo, y la única forma que encontró Hidalgo para tranquilizar y disipar a la muchedumbre fue disparar cañonazos a su propia gente.

En contra de Allende, Hidalgo no quiso tener pocos hombres, pero bien organizados, y una de sus acciones más interesantes fue la preocupación por dejar a sus propias autoridades en las plazas que iban ocupando, por lo que nombró intendentes, corregidores y hasta ediles. Por otra parte, los infidentes mandaron fundir cañones que resultaron un fracaso. Quizá haya sido una preocupación de Allende para armar a sus tropas.

Hidalgo, a pesar de lo temerario que pudiera ser, sentía temor de Calleja, pues representaba el enfrentamiento contra un buen ejército, bien armado y mejor dirigido, de modo que se encaminó hacia Valladolid. Sus habitantes estaban aterrados, pues ya habían llegado noticias de los cruentos saqueos de los sitios anteriores. La ciudad se rindió para octubre, pero esa acción no los salvó de asaltos, violaciones y muertes. Hidalgo estaba muy preocupado, pues no se respetó la rendición. Nuevamente utilizó los cañones.

El siguiente paso se debía pensar muy bien. Decidieron salir rumbo a la ciudad de México, sin tomar Querétaro. Antes de que pasaran por Acámbaro, Hidalgo fue nombrado "Generalísimo", y Allende "Capitán General". El virrey Venegas invitó a Calleja para defender la Ciudad de México; también al coronel Trujillo, quien se encargó de la defensa, pues Calleja estaba en espera de posibles ataques en el Bajío.

Los peninsulares temían la inminente ocupación de la capital. De hecho, el 30 de octubre se sostuvo la cruenta batalla del Cerro de las Tres Cruces. Trujillo contaba con 1,500 hombres, para enfrentarse contra unos 80 mil revolucionarios. Tanto en Cuajimalpa como en Santa Fe, se les unieron algunos indígenas. Curiosamente, fue en esta batalla cuando el joven militar Agustín de Iturbide, tuvo uno de sus primeros enfrentamientos contra las fuerzas revolucionarias.

La Ciudad de México resintió el acecho de Hidalgo y comenzó a haber motines desordenados. Los rebeldes le enviaron una carta al virrey pidiéndole la rendición de la ciudad. El gobernante se negó y mandó sacar un estandarte del santuario de la Virgen de los Remedios, quizá el símbolo de protección más importante de la tradición peninsular que contrastaba con la Virgen de Guadalupe por representar ésta la diferenciación y el patriotismo criollo. Varias señoras, preocupadas por la inminente toma de la capital, formaron un grupo llamado las "Patriotas Marianas".

Con el paso de los días, los capitalinos se comenzaron a relajar. El movimiento tomó una decisión que ha sido sumamente controvertida y que marcaría el destino de cada uno de sus miembros: se optó por no entrar a la Ciudad de México. Uno de los motivos pudo haber sido que ni San Agustín de las Cuevas (hoy Tlalpan), Coyoacán, ni San Ángel se unieran a la causa, y por eso los revolucionarios consideraron que no contaban con gente suficiente para la toma. También que pensaran que no podían enfrentar a las tro-

Félix María Calleja encabezó las fuerzas realistas.

pas realistas con un mal ejército, basándose en que la batalla del Cerro de las Tres Cruces había sido muy desordenada. Por otro lado, durante el siglo XIX se dijo que quizá Hidalgo temía que, ya en la ciudad, las tropas se salieran de control y comenzaran el saqueo, amén de la posible llegada de las tropas de Querétaro. Cualquiera que haya sido la causa, la retirada desilusionó a la gente y hubo muchos desertores.

Hasta ahora, los rebeldes habían tenido victorias importantes, pero no se habían enfrentado al ejército de Calleja. El primer contacto se dio en Aculco y fue fatal. Representó la primera derrota; se perdieron hombres, armamento y municiones. Además, este fracaso contribuyó al distanciamiento entre los proyectos de Hidalgo y Allende. Mientras el cura veía el futuro del movimiento en Valladolid y Guadalajara, Allende lo figuraba en Guanajuato. En realidad tenían dos visiones diferentes, la de Hidalgo atendía la cuestión administrativa, y la de Allende se preocupaba por la militar.

Con Allende se fueron Aldama y Abasolo, pero no la población. Aún así, partieron a Querétaro y de ahí a Guanajuato, donde

Hidalgo buscó la legitimación de su causa por medio de la abolición de la esclavitud y la desaparición de las castas.

se pretendía defender a la ciudad de la recuperación española. Por su parte, Hidalgo fue a Valladolid, donde se dedicó a justificar su causa por el bien del cristianismo a través de múltiples escritos y leyes. El cura pretendió darle un carácter legal al movimiento y decretó la abolición de la esclavitud y la desaparición de las castas. Tales acciones alarmaron a los realistas, pues rompían aún más el orden social. Por este tiempo surgió el periódico *El Despertador Americano*.

Al ver la división, Calleja encontró un haz de luz en la bruma revolucionaria. Decidió atacar Guanajuato, por ser un ícono del movimiento. Aunque hubo resistencia, la ciudad cayó ante las fuerzas realistas y Allende, Abasolo y Aldama huyeron hacia Guadalajara. Inmediatamente emprendió la marcha hacia aquella ciudad con el pretexto de una matanza de peninsulares. El 14 de enero de 1811, los insurgentes decidieron enfrentarlo y tan sólo tres días más tarde se dio la batalla del Puente Calderón, donde las fuerzas realistas aplastaron a las insurgentes. Cuarenta y un soldados muertos contra más de mil revolucionarios.

Guadalajara estaba perdida y Allende e Hidalgo se fueron a Zacatecas. Poco después salieron rumbo a Saltillo y, aunque Allende había tomado la dirección del movimiento, Hidalgo siguió matando peninsulares por el camino. De ahí pasaron a Monclova, ciudad que era defendida celosamente por el Teniente Coronel Ignacio Elizondo, quien había participado, del lado revolucionario en los inicios del movimiento. Ante la posibilidad de que huyeran a Estados Unidos, el virrey ordenó que se vigilara el puerto de Soto la Marina.

Finalmente, Allende, Aldama e Hidalgo fueron capturados en las Norias Debaján, Coahuila, y el hijo de Allende murió durante las aprehensiones. Se les envió a Chihuahua, donde se llevó a cabo el juicio por infidencia, a lo largo del cual, Hidalgo responsabilizaba a Allende y viceversa. Tras los juicios civiles, hubo otro eclesiástico para Hidalgo, a pesar de que había sido excomulgado. Murieron fusilados los últimos días de julio de 1811 y sus cabezas fueron llevadas a Guanajuato para que se exhibieran públicamente en la

Aunque la primera etapa del movimiento acabó trágicamente con la captura de Hidalgo y Allende, sus raíces se desarrollaron en tierra fértil.

Alhóndiga de Granaditas e infundieran miedo entre la población. Con tales muestras de poder realista concluyó la primera etapa del movimiento.

Surgieron nuevos brotes insurgentes, como el de los "Guadalupes" y, poco a poco, el clima de insurrección se apoderó del virreinato. Cabe mencionar que el tan empleado término "insurgente" fue acuñado por los peninsulares hacia 1811. En un principio se usaba para designar despectivamente a los que provocaban el desorden y vivían en un estado de anarquía. Sin embargo, un año más tarde los integrantes de las fuerzas revolucionarias se autoproclamaron como "insurgentes" y el vocablo siguió en uso hasta 1820.

Tras las muertes de Hidalgo y Allende, el liderazgo del movimiento lo asumió Ignacio López Rayón quien, por invitación de Hidalgo, había entrado a la lucha, pero no como soldado, sino como administrador. Fue el secretario particular del cura y, tras enterarse de su muerte, trató de tener un acercamiento con Calleja, apelando la creación de una Junta Nacional que gobernase a nombre de Fernando VII. La propuesta fue rechazada por los realistas, de modo que López Rayón lanzó la convocatoria para la Suprema Junta Nacional de América en Zitácuaro. Esta organización estuvo integrada por Andrés Quintana Roo, Leona Vicario, Carlos María de Bustamante y fray Vicente de Santa María, quienes elaboraron un documento llamado *Elementos constitucionales*, que retomaba las ideas de Miguel Hidalgo. Entre los puntos más importantes se encontraban la creación de un gobierno dividido en tres poderes y encabezado por Fernando VII; la igualdad de todos ante la ley; la abolición de la esclavitud y la libertad de comercio y de pensamiento.

Los cimientos de una incipiente nación: Morelos

Tras la derrota de la primera etapa del movimiento, el líder más importante fue sin lugar a dudas José María Morelos y Pavón, con quien Hidalgo se había entrevistado para invitarlo al movimiento; ante su aceptación, le pidió que fuera al sur y tomara Acapulco.

José María Morelos y Pavón.

Morelos fue "chino" (hijo de padre negro y madre indígena); es decir, pertenecía a una casta. A los 32 años emprendió la carrera eclesiástica en el seminario de San Nicolás, cuando Hidalgo era el rector. Tiempo después se le asignó el curato de Curácuaro, donde se enfrentó con los serios problemas de pobreza de la región, y época durante la cual tuvo un hijo con Brígida Almonte; el niño se llamó Juan Nepomuceno Almonte y fue un destacado militar durante el siglo XIX.

En definitiva, Morelos fue un líder muy distinto a Hidalgo. Rechazaba la violencia indiscriminada, le gustaba el orden en sus tropas, prohibía el saqueo y fomentaba la creación de ejércitos pequeños para organizarlos mejor. Por otra parte, Morelos nunca se distanció de su religiosidad y antes de cada batalla ofrecía misa, lo que contribuyó a cambiar el concepto que la sociedad tenía de los insurgentes. Cuando iba rumbo a Acapulco, voluntariamente el pueblo y las milicias se le fueron uniendo. En Tecpan se integraron los hermanos Galeana (Hermenegildo, José Antonio, Juan José, Luis y Pablo) y los convirtió en sus lugartenientes. Esta primera campaña de Morelos duró de octubre de 1810 a agosto de 1811.

Las tropas realistas fracasaron en todos sus intentos por tomar la ciudad de Cuautla.

En poco más de un mes, Morelos avanzó sin mayores complicaciones hacia la costa sur. A Calleja lo habían enviado al norte, de modo que fue el Coronel Paris quien tuvo varios enfrentamientos con las tropas de Morelos. En 1811, éste atacó por sorpresa Tres Montes y humilló a las fuerzas realistas, lo que le otorgó la fama requerida ante el decaimiento del movimiento de Hidalgo. Ahora, los pueblos anhelaban la llegada de las tropas insurgentes para unírseles; de hecho, a los seguidores de Morelos se les conocía como "[h]ojalateros" lo que quería decir "ojalá venga Morelos".

Pronto, la popularidad del líder se extendió hasta Michoacán, el Valle de México, Oaxaca y el actual estado de Guerrero, donde se le unieron los hermanos Bravo. Gracias a la indiscutible ayuda de Nicolás Bravo, Morelos pudo tomar Chilpancingo, donde se enteró de la captura de Hidalgo y puso en tela de juicio el liderazgo de Rayón. Por ese tiempo se había descubierto una conspiración en su contra, y a pesar de que nunca se encontró a su dirigente, el cura sospechaba de Rayón.

Morelos fue invitado a participar en la Junta de Zitácuaro, que poco a poco había adquirido mayor importancia y se estableció una relación epistolar entre ambos. Cabe señalar que el virrey estaba asustado por los tintes que esa organización había adquirido, ya que se parecía mucho al origen de las Cortes de Cádiz. Calleja cambió la estrategia: en lugar de disolver la junta de manera violenta, ofreció diez mil pesos a quien entregara (vivo o muerto) a alguno de sus integrantes.

Ya con el control de la mayor parte de las regiones centro y sur, Morelos se sintió suficientemente fuerte como para iniciar una segunda campaña que duró de noviembre de 1811 a mayo de 1812. Los logros no se hicieron esperar y pronto Tlalpa, Izúcar y Taxco se subordinaron a las fuerzas insurgentes. En Taxco, Morelos entró en contacto con Vicente Guerrero y Mariano Matamoros, quienes de inmediato se pusieron a sus órdenes. Una vez, tomada dicha ciudad, Morelos dio la orden de fusilar a las autoridades, argumentando que habían sido muy injustas con el pueblo.

En esta segunda campaña, Calleja sitió a Morelos durante 72 días en la ciudad de Cuautla. Desde febrero hasta marzo de 1812,

Morelos leyó en Chilpancingo el manifiesto donde se fincaron los cimientos de una nueva nación.

los insurgentes soportaron asaltos, enfermedades, hambrunas y muerte. Ante esta situación, Morelos optó por abandonar la plaza el 1o. de mayo. Fue descubierto pero no pudo ser capturado. Se considera éste uno de los episodios más heroicos de la lucha, pues los realistas sufrieron un gran número de bajas.

La fuerza física y moral de los insurgentes puso en entredicho el poder militar del virreinato. Morelos tuvo muchos seguidores en los grupos bajos de la ciudad de México, por lo que Venegas emitió un bando que prohibía que se exaltara la figura de líder, ya que acrecentaba la distancia entre criollos y peninsulares. Sin embargo la medida que no evitó que toda Nueva España conociera las acciones de Morelos. La censura virreinal afectó a los periódicos, y desapareció el *Diario de México.*

Paralelamente a la tensión novohispana, en España las tendencias políticas eran cada vez menos conciliables, a pesar de que no había un grupo ilustrado determinado. Por un lado, los monárquicos querían un cambio sin alterar el orden tradicional, por el otro, los liberales pretendían la eliminación del poder real y proponían una división de poderes: el ejecutivo, encabezado por el rey; el legislativo, a cargo de las cortes, y el judicial, responsabilidad de jueces y magistrados.

Pese al debate político, el 19 de mayo de 1812 se proclamó la Constitución de Cádiz. En diez secciones, puntos como la soberanía popular, los límites territoriales del imperio, la religión católica como la oficial, la división de poderes, las facultades del rey (emisión de monedas, mando del ejército, medios para cobrar impuestos y obligación para cumplir las disposiciones de los otros poderes), y el concepto de ciudadano, a quien se definió de las siguiente manera: "aquel que habiendo nacido en territorio español [Europa, Asia o América], de padres ciudadanos o aquel extranjero que lleve radicando diez años o más en territorio español".

Puesto que la constitución quitaba gran poder a la figura del rey, en un principio los monárquicos se negaron a firmarla, pero eran un grupo reducido y no tuvieron más remedio que aceptarla. Si bien era un documento bastante injusto para los americanos, se convirtió en la primera constitución que rigió al continente. La jura constitucional en Nueva España se dio en la Catedral Metropolitana el 30 de septiembre de 1812.

Ante las exigencias monetarias de las cortes, la población novohispana veía con francas esperanzas al movimiento insurgente. La tercera campaña de Morelos, que fue la más exitosa, duró de junio de 1812 a agosto de 1813, e inició cuando pasó de Izúcar a Chiautla, para tomar Chilapa y Huajuapan, donde se llevó a cabo un sitio de 111 días. Tras la rendición de la ciudad, se decidió ocupar Tehuacán, punto estratégico donde cruzaban los caminos entre Veracruz, Oaxaca y Puebla. Con esta ciudad, Morelos obtuvo el control completo de la región sur-sureste del virreinato.

Con la agudización de la crisis del virreinato, la vida novohispana se encareció de madera considerable. A pesar de todo, la población veía con agrado a la constitución. Sin embargo, en diciembre de 1812, Venegas decidió suspenderla junto con la libertad de imprenta. Morelos, sin reflexionar sobre la importancia de la constitución, marchó a Orizaba, donde enfrentó con éxito a las tropas realistas. De ahí pasó a Oaxaca, pero al dejar indefensas a Tehuacán e Izúcar, las fuerzas realistas las recuperaron.

Una vez en Oaxaca, José Manuel Ramón Adauco Fernández y Félix —mejor conocido por el simbólico nombre de Guadalupe Victoria— entró en contacto con Morelos. Victoria había peleado en Veracruz durante 1811, pero no había destacado. En abril de 1813, Morelos planeó la avanzada hacia Acapulco, y en septiembre se constituyó el famoso Congreso de Chilpancingo, donde por primera vez se habló de independencia.

El 6 de noviembre de 1813 se proclamó por primera vez la independencia, cuya base ideológica fue precisamente el texto *Los Sentimientos de la Nación*, en el que aún no quedaba claro el nombre que recibiría el territorio, pero Morelos llega a mencionar el término "América Septentrional". Asimismo, se declaró como única a la religión católica y se planteó la abolición de la esclavitud y de las tributaciones parroquiales. También se formuló una división de los poderes, se canceló el sistema de castas y se reconoció la propiedad privada.

Agustín de Iturbide, un realista que jugó un papel trascendental en la consumación de la Independencia.

Calleja fue nombrado virrey en marzo de 1813, coincidiendo con la cuarta y última campaña de Morelos, de septiembre de 1813 a noviembre de 1815, que marcó la decadencia del movimiento. El Congreso redactó su propia Constitución, en la que se propuso el sistema republicano, pero ante la continua persecución de Calleja, no pudo ser promulgada sino hasta el 22 de octubre de 1814, en Apatzingán. Al enterarse de esto, el virrey mandó quemar todos los ejemplares y consiguió la excomunión para quienes la juraran. Además, anunció que se castigaría a los acusados de infidencia con el secuestro de sus bienes a favor de la Corona, y a quienes fueran sorprendidos haciendo armas, se les fusilaría sin juicio.

Calleja mandó un amplio contingente para vigilar a Morelos en el siempre custodiado trayecto entre Tehuacán y Veracruz. Ante la falta de espías, el líder fue sorprendido en Temascala (límite de Puebla y Veracruz), y cayó prisionero a media pelea. Calleja pidió que se le trasladara a la ciudad de México, pero al llegar a San Agustín de las Cuevas, la gente se amotinó para vitorearlo, por lo que Calleja comprendió que la exhibición pública quizá no era lo más conveniente y lo enjuició en secreto, tanto por el Ayuntamiento como por la Inquisición. Se le encontró culpable de todo los cargos imputados, fue azotado y se le mandó fusilar en San Cristóbal Ecatepec. Aunque la fecha exacta de la ejecución se desconoce, probablemente fue entre el 23 y el 25 de diciembre de 1815.

Rumbo a la libertad: Guerrero e Iturbide

Los sobrevivientes del Congreso llegaron a Tehuacán donde no fueron muy bien recibidos; de cualquier modo, las fuerzas realistas tomaron la ciudad en diciembre y los aprehendieron. En 1816, cuando se restituyó la Compañía de Jesús, Calleja había pacificado al virreinato pues, sin Morelos, la fuerza principal de la insurgencia se había desmantelado. Los posibles líderes (Rayón, Guerrero, Victoria o el Padre Torres) eran sólo personajes locales que pretendían el poder. Además, debido a la decadencia del movimiento, la seguridad de los caminos se restableció y, en poco tiempo, Calleja controló al ejército con recompensas monetarias y logró que toda la sociedad le temiera.

Agustín de Iturbide, quien para ese entonces era el comandante de las fuerzas del norte y poseía el control militar de Querétaro y Guanajuato, comenzó a tener problemas con el virrey. Iturbide era un hombre cruel y ambicioso, pero ante la desintegración de la Comandancia del Norte, no tuvo más remedio que aceptar un cargo administrativo.

En tanto, en España, el regreso de Fernando VII fue triunfal, pues el pueblo confiaba en él, aunque nunca lo habían visto gobernar. Ya en el trono, disolvió las Cortes y abolió todos sus actos. La persecución de liberales no se hizo esperar y se trató de resarcir el Antiguo Régimen. España atravesaba una de las más serias crisis económicas. El pueblo nunca notó una mejoría sustancial con la vuelta del "Deseado", por lo que el descontento generalizado en todo el reino se incrementó.

De regreso a Nueva España, Juan Ruiz de Apodaca sustituyó a Calleja en septiembre de 1816. Para el año siguiente las fuerzas

Francisco Xavier Mina.

insurgentes prácticamente se reducían a Osorno y Victoria en Veracruz, y a Vicente Guerrero en las montañas del sur. La revolución popular había sido prácticamente liquidada, pero no todo estaba perdido, Martín Xavier Mina, conocido como Francisco Xavier Mina, tomó el poder de la insurgencia y le inyectó nuevos bríos. Este joven guerrillero español había luchado contra los franceses en España y, ante la política de Fernando VII, aceptó la invitación de José Servando Teresa de Mier y Guerra para viajar a Nueva España con el fin de combatir el absolutismo en el virreinato. Desembarcó en Soto la Marina el 15 de abril de 1817.

Para avivar la insurgencia, Mina trató de aplicar la misma táctica militar que había utilizado en España contra los franceses: la guerra de guerrillas; sin embargo, perdió el primer enfrentamiento con los realistas. Trató de contactar a los pocos líderes insurgentes que quedaban rumbo al interior del virreinato y se le unieron Cristóbal Nava, el Padre Torres, Pedro Celestino Negrete y Pedro Moreno, en la Junta de Jaujilla. Tras pocas victorias, lo arrestó el Mariscal de Campo Pascual Liñán, en el rancho del Venadito y fue fusilado

Vicente Guerrero líder del movimiento del sur.

el 11 de noviembre. El virrey Apodaca, recibió el título de "Conde del Venadito", lo que provocó posteriormente la burla.

En España, el comandante del II Regimiento de Asturias, Rafael Riego, se levantó contra Fernando VII en enero de 1820. Exigió la restauración de la Constitución, por lo que el monarca tuvo que convocar a las cortes y restablecerlas para junio de ese mismo año. Poco después volvió a jurar la Constitución.

Los sucesos tuvieron un fuerte impacto para Nueva España pues, como se temió que la situación española complicara la del virreinato y se perdiera el control, un grupo de criollos se reunió en la Profesa para organizar la independencia de España, y convenció a Agustín de Iturbide de encabezar la nueva causa.

Hacia 1820, Iturbide persuadió a Vicente Guerrero de unir fuerzas. El pacto se cerró con el famoso Abrazo de Acatempan, que aparentemente logró sanear las tan añejas diferencias entre los grupos. Se redactó el Plan de Iguala, que trataba de regular el futuro del territorio una vez que se alcanzara la independencia; es decir, se establecería un Imperio Mexicano. Una vez más, la religión fue

El Abrazo de Acatempan logró sellar el destino de una nación.

el elemento cohesionador de la nueva realidad. Al poco tiempo se creó el Ejército de las Tres Garantías: religión (católica como la única), unión (entre americanos y españoles) e independencia (de España).

El virrey Apodaca fue destituido por las tropas españolas debido a su tímida actitud. Lo sustituyó Francisco Novella el 5 de julio de 1821. Sin embargo, el 3 de agosto arribó al puerto de Veracruz el último virrey, Juan O'Donojú, quien sin salida, firmó en Córdoba un tratado que reconocía la tan anhelada independencia. Las tropas trigarantes entraron a la ciudad de México el 27 de septiembre de 1821.

Al echar un vistazo al proceso independentista, debemos dejar a un lado la historia que ensalza a los héroes y desconoce a los hombres. Si bien la conclusión del siglo XIX fue difícil, no podemos dejar de notar que eran los primeros pasos de una nación nueva que, con muchos esfuerzos, supo proyectar la pasión del pasado prehispánico a través de la voz y energía españolas. Asimismo, debemos recordar que 1821 no marcó el olvido de la tradiciones del ayer, sino que reafirmó la posibilidad de ser un ente distinto, capaz de gobernarse sólo y mostrarle al mundo, y a sí mismo, la grandeza de las ricas y siempre dignas esencias mexicanas.

APÉNDICE

REYES Y VIRREYES DE LA CASA DE AUSTRIA

	Años	Virreyes	Reyes
1	1535-1550	Antonio de Mendoza	Carlos I (1516-1556)
2	1550-1564	Luis de Velasco (padre)	
3	1566-1568	Gastón de Peralta, Marqués de Falces	Felipe II (1556-1598)
4	1568-1580	Martín Enríquez de Almanza	
5	1580-1583	Lorenzo Suárez de Mendoza, Conde de la Coruña	
6	1584-1585	Pedro Moya de Contreras, Arzobispo de México	
7	1585-1590	Álvaro Manrique de Zúñiga, Marqués de Villamanrique	
8	1590-1595	Luis de Velasco (hijo)	
9	1595-1603	Gaspar de Zúñiga y Acevedo, Conde de Monterrey	
10	1603-1607	Juan de Mendoza y Luna, Marqués de Montesclaros	Felipe III (1598-1621)
11	1607-1611	Luis de Velasco (hijo), Marqués de Salinas	
12	1611-1612	García Guerra O. P., Arzobispo de México	
13	1612-1621	Diego Fernández de Córdoba, Marqués de Guadalcázar	
14	1621-1624	Diego Carrillo de Mendoza y Pimentel, Marqués de Gelves y Conde de Priego	Felipe IV (1621-1665)
15	1624-1635	Rodrigo Pacheco de Osorio, Marqués de Cerralvo	
16	1635-1640	Lope Díaz de Armendáriz, Marqués de Cadereyta	
17	1640-1642	Diego López Pacheco Cabrera y Bobadilla, Marqués de Villena y Duque de Escalona	
18	1642	(junio a noviembre) Juan de Palafox y Mendoza, Obispo de Puebla	
19	1642-1648	García Sarmiento de Sotomayor, Conde de Salvatierra y Marqués de Sabroso	
20	1648-1649	Marcos de Torres y Rueda, Obispo de Yucatán	
21	1650-1653	Luis Enríquez de Guzmán, Conde de Villaflor	
22	1653-1660	Francisco Fernández de la Cueva, Duque de Alburquerque	
23	1660-1664	Juan de Leyva y de la Cerda, Marqués de Leyva y de Ladrada, Conde de Baños	

24	1664	(junio a octubre) Diego Osorio y Escobar, Obispo de Puebla	Carlos II (1665-1700)
25	1664-1672	Antonio Sebastián de Toledo, Marqués de Mancera	
26	1672	(diciembre) Pedro Nuño Colón de Portugal, Duque de Veragua y Marqués de Jamaica	
27	1672-1680	Payo Enríquez de Rivera O.E.S.A., Arzobispo de México	
28	1680-1686	Tomás Antonio de la Cerda y Aragón, Conde de Paredes y Marqués de la Laguna	
29	1686-1688	Melchor Portocarrero y Lasso de la Vega, Conde de Monclova	
30	1688-1696	Gaspar de la Cerda Sandoval Silva y Mendoza, Conde de Galve	
31	1696	(febrero a diciembre) Juan de Ortega y Montañez, Obispo de Michoacán	
32	1696-1701	José Sarmiento y Valladares, Conde de Moctezuma y Tule	

REYES Y VIRREYES DE LA CASA DE BORBÓN

33	1701	(4 al 27 noviembre) Juan de Ortega y Montañez, Arzobispo de México	Felipe V (1700-1746)
34	1701-1711	Francisco Fernández de la Cueva Enríquez, Duque de Alburquerque y Marqués de Cuellar	
35	1711-1716	Fernando de Alencastre Noroña y Silva, Duque de Linares	
36	1716-1722	Baltazar de Zúñiga y Guzmán, Marqués de Valero y Duque de Arión	
37	1722-1734	Juan de Acuña, Marqués de Casafuerte	
38	1734-1740	Juan Antonio de Vizarrón y Eguiarreta, Arzobispo de México	
39	1740-1741	Pedro de Castro y Figueroa, Duque de la Conquista y Marqués de García Real	
40	1742-1746	Pedro de Cebrián y Agustín, Conde de Fuenclara	
41	1746-1755	Juan Francisco de Güemez y Horcasitas, Conde de Revillagigedo	Fernando VI (1746-1759)
42	1755-1760	Agustín de Ahumada y Villalón, Marqués de las Amarillas	
43	1760	(abril a octubre) Francisco Cajigal de la Vega	
44	1760-1766	Joaquín de Montserrat, Marqués de Cruillas	
45	1766-1771	Carlos Francisco de Croix, Marqués de Croix	

<table>
<tr><td>46</td><td>1771-1779</td><td>Antonio María de Bucareli y Ursúa, Marqués de Vallehermoso</td><td rowspan="6">Carlos III
(1759-1788)</td></tr>
<tr><td>47</td><td>1779-1783</td><td>Martín de Mayorga</td></tr>
<tr><td>48</td><td>1783-1784</td><td>Matías de Gálvez</td></tr>
<tr><td>49</td><td>1785-1786</td><td>Bernardo de Gálvez, Conde de Gálvez</td></tr>
<tr><td>50</td><td>1787</td><td>(mayo a agosto) Alonso Núñez de Haro y Peralta, Arzobispo de México</td></tr>
<tr><td>51</td><td>1787-1789</td><td>Manuel Antonio Florez Maldonado Martínez de Angulo y Bodquin</td></tr>
<tr><td>52</td><td>1789-1794</td><td>Juan Vicente de Güemes Pacheco y Padilla, Conde de Revillagigedo</td><td rowspan="6">Carlos IV
(1788-1808)</td></tr>
<tr><td>53</td><td>1794-1798</td><td>Miguel de la Grúa Talamanca y Branciforte, Conde de Branciforte</td></tr>
<tr><td>54</td><td>1798-1800</td><td>Miguel José de Azanza</td></tr>
<tr><td>55</td><td>1800-1803</td><td>Félix Berenguer de Marquina</td></tr>
<tr><td>56</td><td>1803-1808</td><td>José de Iturrigaray</td></tr>
<tr><td>57</td><td>1808-1809</td><td>Pedro de Garibay</td></tr>
<tr><td>58</td><td>1809-1810</td><td>Francisco Javier de Lizana y Beaumont, Arzobispo de México</td><td rowspan="6">Fernando VII
(1808)
José Bonaparte
(1808-1814)
Fernando VII
(1814-1830)</td></tr>
<tr><td>59</td><td>1810-1813</td><td>Francisco Javier Venegas</td></tr>
<tr><td>60</td><td>1813-1816</td><td>Félix María Calleja del Rey, Conde de Calderón</td></tr>
<tr><td>61</td><td>1816-1821</td><td>Juan Ruiz de Apodaca, (Conde del Venadito)</td></tr>
<tr><td>62</td><td>1821</td><td>(julio a agosto) Francisco Novella</td></tr>
<tr><td>63</td><td>1821</td><td>(3 agosto a 28 septiembre) Juan O'Donojú</td></tr>
</table>

Otros títulos afines